Recomendaciones

Muchos me han dicho—y yo les he dicho a muchos otros—que el arrepentimiento es bueno para el alma. Esto significa que ahora estoy listo para arrepentirme por haber excluido a los niños de la enseñanza y la práctica de los dones espirituales. Adam Stadtmiller me ha convencido de que también necesitamos involucrar a los niños en todo el panorama del equipamiento del Cuerpo de Cristo para descubrir, desarrollar y utilizar los dones espirituales. ¡Este es un libro revolucionario!

—C. Peter Wagner
Autor de *Sus dones espirituales pueden ayudar a crecer a su iglesia*

¡Los dones espirituales no son solamente para los adultos! Ayudar a sus hijos a descubrir y utilizar los dones que Dios les dio, puede ser uno de los papeles más importantes de un padre cristiano. Estoy convencido de que los niños que aprenden a servir dentro de sus dones espirituales permanecerán centrados en Dios. La herramienta de evaluación de dones espirituales de Adam Stadtmiller es una gran oportunidad para los padres y los que trabajan con jóvenes, con el fin de que tengan con sus hijos conversaciones de fe cruciales.

—Jim Burns
Presidente de HomeWord
Autor de Faith Conversations for Families [Conversaciones de fe para las familias] y
10 Building Blocks for a Solid Family
[Diez pilares para una familia sólida]

AF796938

DESCUBRA LOS DONES ESPIRITUALES DE SUS HIJOS

ADAM STADTMILLER

CASA CREACIÓN

La mayoría de los productos de Casa Creación están disponibles a un precio con descuento en cantidades de mayoreo para promociones de ventas, ofertas especiales, levantar fondos y atender necesidades educativas. Para más información, escriba a Casa Creación, 600 Rinehart Road, Lake Mary, Florida, 32746; o llame al teléfono (407) 333-7117 en Estados Unidos.

Descubra los dones espirituales de sus hijos por Adam Stadtmiller
Publicado por Casa Creación
Una compañía de Charisma Media
600 Rinehart Road
Lake Mary, Florida 32746
www.casacreacion.com

No se autoriza la reproducción de este libro ni de partes del mismo en forma alguna, ni tampoco que sea archivado en un sistema o transmitido de manera alguna ni por ningún medio –electrónico, mecánico, fotocopia, grabación u otro– sin permiso previo escrito de la casa editora, con excepción de lo previsto por las leyes de derechos de autor en los Estados Unidos de América.

A menos que se indique lo contrario, el texto bíblico ha sido tomado de la Santa Biblia, Nueva Versión Internacional ©1999 por la Sociedad Bíblica Internacional. Marcada (NVI). Usada con permiso.

Copyright © 2012 by Adam Stadtmiller
Originally published in the U.S.A. by Regal Books,
A Division of Gospel Light Publications, Inc.
Ventura, CA 93006 U.S.A.
All rights reserved.

Copyright © 2012 por Casa Creación
Todos los derechos reservados

Traducido por: pica6.com (con la colaboración especial de Danaé G. Sánchez Rivera y Salvador Eguiarte D.G.)
Director de arte: Bill Johnson

Visite la página web del autor: www.adamstadtmiller.com

Library of Congress Control Number: 2012940583
ISBN: 978-1-61638-809-6

Impreso en los Estados Unidos de América
12 13 14 15 16 * 5 4 3 2 1

En 1989, Dave Chrysler se dio a la tarea de discipular a un salvaje amante de Jesús, que había dejado las drogas. Mucho de lo que usted lee en este libro fue construido durante los tiempos semanales que pasamos juntos en la cocina de Dave. Puedo decir sinceramente que aprendí de este mecánico y discipulador de hombres tanto como en el seminario.

Este libro está dedicado a Él.

AGRADECIMIENTOS

Un gran agradecimiento para mi esposa, Karie, y nuestras hijas, Lily y Lucy, quienes me apoyaron durante estos proyectos. Ustedes son una bendición para mí.

Bendiciones para el equipo de Regal/Gospel Light. Es maravilloso contar con un grupo de personas tan comprometido con ver a los niños prosperar en su relación con Dios. Deseo igualmente reconocer a todos los padres y los niños que contribuyeron directamente con este libro o que me ayudaron a refinar la evaluación de dones espirituales. A muchos de ellos los conocerá cuando lea estas páginas.

Gracias igualmente a Dan Fields. Eres un fotógrafo asombroso. Me encanta tu ministerio de imágenes (http://danfieldsphotography.com).

Contenido

Prólogo 9

PARTE UNO:
LOS ARGUMENTOS A FAVOR DE LOS NIÑOS CON DONES ESPIRITUALES

1. ¿Cuán cristiano puede ser un niño?
Los argumentos a favor de los dones espirituales en los niños 15
2. Los abejorros y los dones espirituales:
Proporcione una plataforma para los dones espirituales 26
3. Campamento de verano, heridas emocionales y dones espirituales: ¿Qué es lo esencial? 34
4. Los dones por categorías 44

PARTE DOS
CÓMO RECONOCER LOS DONES ESPIRITUALES EN LOS NIÑOS

5. Pastores y rebaños: Los dones de pastoreo 61
6. Las manos y los pies de la Iglesia: Los dones de servicio 73
7. Portadores de misericordia: Los dones de compasión 81
8. Niños que comprenden: Los dones de comprensión 88
9. La voz de las buenas nuevas: Los dones de evangelismo 109

PARTE TRES
CÓMO DARLES LIBERTAD A LOS NIÑOS EN SUS DONES

10. Las semillas y el fruto:
Escuchar y ver los dones de Dios en sus hijos 127
11. Construya un vehículo que sus hijos puedan conducir:
Proporciónele a sus hijos las llaves de sus dones 135

Apéndice: Prueba de los dones espirituales 143

Notas 156

Sobre el autor 158

PRÓLOGO

La pantalla de la cuenta regresiva anunciaba 4 minutos y 59 segundos para el comienzo. La música de tonos graves llevaba la misma cadencia que la cuenta regresiva de la pantalla gigante. Cientos de niños chocaban uno con otro y hablaban constantemente mientras desfilaban por las puertas y tomaban su asiento en el santuario. Mi hijo, Jordan, deseaba haberse quedado en casa. Simplemente no deseaba asistir al grupo de jóvenes esa noche.

Seis meses antes de esa noche, Jordan recibió un fuerte golpe en un partido de fútbol americano, el cual dañó gravemente su espalda. Apenas podía caminar. Ni siquiera podía cargar uno de sus libros de texto. Llevaba un soporte rígido y necesitaba tiempo adicional para ir de un salón a otro. Los últimos seis meses nos habían devastado a todos. Fuimos de médico en médico, de un tratamiento a otro, pero no obtuvimos resultados. El disco severamente herniado de Jordan estaba presionando tres conjuntos de nervios y era probable que necesitara cirugía. Solamente tenía 17 años. Yo había escuchado historias de hombres de treinta años con la misma lesión quienes, aunque habían sido sometidos a cirugía, terminaban incapacitados y necesitaban que su esposa mantuviera a la familia.

Vimos que una parte de Jordan desapareció en algún lugar en lo profundo de su ser, mientras veía la vida de sus amigos continuar sin él. Asistir al grupo de jóvenes era una hazaña heroica para él, por causa de las multitudes que se amontonaban, los llamados a ponerse de pie y sentarse, y debido a que todos a su alrededor parecían estar felices y moverse con libertad.

Este grupo, sin embargo, era un grupo especial. Jordan necesitaba recordar que Dios estaba moviéndose y que a Él le encanta obrar a través de su pueblo, sin importar la edad, la temporada o la etapa de la vida en la que se encontrara. Estos chicos eran constantemente movilizados y desafiados para levantarse y colocarse donde Dios pudiera usarlos. Esa noche en particular, el pastor de jóvenes le pidió a un joven estudiante que compartiera la experiencia que tuvo en un viaje misionero reciente.

Con las manos en los bolsillos, el joven se dirigió con vergüenza al escenario. Encogió los hombros, tomó el micrófono, levantó la cabeza y dijo: "Sí, yo solía pensar que Dios ya no sanaba a la gente;

pero, este, entonces fui a este viaje misionero. Bueno, un niño estaba enfermo y yo oré por él y, este, bueno, Dios lo sanó. De manera que sí, creo que Dios todavía sana en la actualidad". Se encogió de hombros de nuevo y simplemente bajó del podio.

En ese momento, el corazón de mi hijo latía tan fuertemente que parecía que se le saldría del pecho y el Señor le susurró: "Quiero que le pidas a ese muchacho que ore por ti después del servicio de esta noche". Jordan sabía que Dios le estaba hablando directamente a él. El pastor de jóvenes subió al podio y compartió su mensaje. Luego, el equipo de alabanza subió a tocar mientras los muchachos pasaban al frente para recibir oración. Jordan, mi tímido y reservado hijo, se abrió paso entre la multitud (que no se parecía en nada a él) y buscó al muchacho poco expresivo que había hablado esa noche.

Jordan se acercó al muchacho, estiró la mano y dijo: "Soy Jordan Larson. Tengo una grave lesión en la espalda. Me preguntaba si podrías orar por mí". Una vez más, el chico encogió los hombros y dijo: "Sí, seguro". Colocó su mano en la espalda baja de Jordan y oró. Jordan sintió un ligero calor, pero nada más. Sin embargo, una vez que salió del estacionamiento, se dio cuenta de algo: ya no había dolor. Se movió de izquierda a derecha. Nada. Llegó hasta sus muslos. No sentía dolor. Se estiró hasta tocar sus rodillas, luego los dedos de sus pies y más tarde, ¡salió corriendo por el estacionamiento!

¡Dios sanó a Jordan esa noche! A la mañana siguiente, se presentó para entrenar con el equipo de fútbol americano. Durante seis meses, los jugadores y los entrenadores vieron a Jordan arrastrar los pies de un lado a otro. Esa mañana, cuando le preguntaron qué había sucedido, con un público cautivo frente a él, simplemente dijo: "Dios me sanó anoche".

Ahora, acepto que no comprendo completamente los caminos de Dios con respecto a la sanidad. Yo sigo esperando que me sane a mí. Pero creo que veríamos más evidencia del poder y la provisión en nuestros días, si nos atreviéramos a caminar en fe. Y, ¿no es sorprendente la manera en que Dios utilizó a un muchacho quien, aunque no comprendía la voluntad de Dios para intervenir, se levantó y se puso a su disposición? ¡Y mire lo que hizo Dios! ¡Nuestra vida nunca será igual!

Es por ello que estoy muy emocionado con el libro que ahora tiene en sus manos. Adam ha realizado hábilmente una guía alentadora y práctica para ayudar a los padres (y a los que trabajan con jóvenes) a equipar y movilizar a los niños para ser las manos y los pies de Cristo en un mundo tan desesperadamente necesitado. En este libro, Adam comparte que nuestros dones tienen la tendencia de florecer o marchitarse, dependiendo de cómo los administremos. ¡Es tan real!

La Escritura nos dice que *el mismo poder* que levantó a Cristo de entre los muertos está disponible para nosotros, obrando en nosotros. ¿Creemos que nuestros hijos tienen una versión menor de ese mismo poder? ¿O sujetaremos la oportunidad tan real de entrenar a nuestros hijos para caminar en sus dones espirituales, de manera que puedan ver el poder de Dios activado en su vida?

He tenido muchos invitados en mi programa para hablar del alarmante porcentaje de chicos universitarios que abandonan su fe una vez que dejan su hogar cristiano. En todas partes, los expertos han evaluado que aunque las luces, las máquinas de humo y los videojuegos puedan mantener a los muchachos asistiendo al grupo de jóvenes, no los mantendrán firmes en su fe. Por el contrario, los dos denominadores comunes entre los jóvenes que permanecen comprometidos con sus raíces espirituales son que se les enseñó la Palabra de Dios en sus años de desarrollo y se les dio oportunidades de servir a otros utilizando sus dones espirituales.

Creo que este libro es una palabra importante para nuestros tiempos y ha sido publicado en el momento adecuado. Léalo. Sumérjase en él. No solamente será despertado a la maravilla de cuánto Dios anhela obrar a través de su hijo, sino también será desafiado de nuevo a buscarlo en su propia vida. Y, además, no importa en dónde esté situado teológicamente con respecto a los dones espirituales mencionados en la Escritura, usted podrá ver que Adam navegó por ese territorio con gran equilibrio, respeto y honor.

Dios lo bendiga al leer este libro.

—Susie Larson
Anfitriona de Live the Promise [Viva la promesa]
Autora de *Growing Grateful Kids*
[Como criar a niños agradecidos]

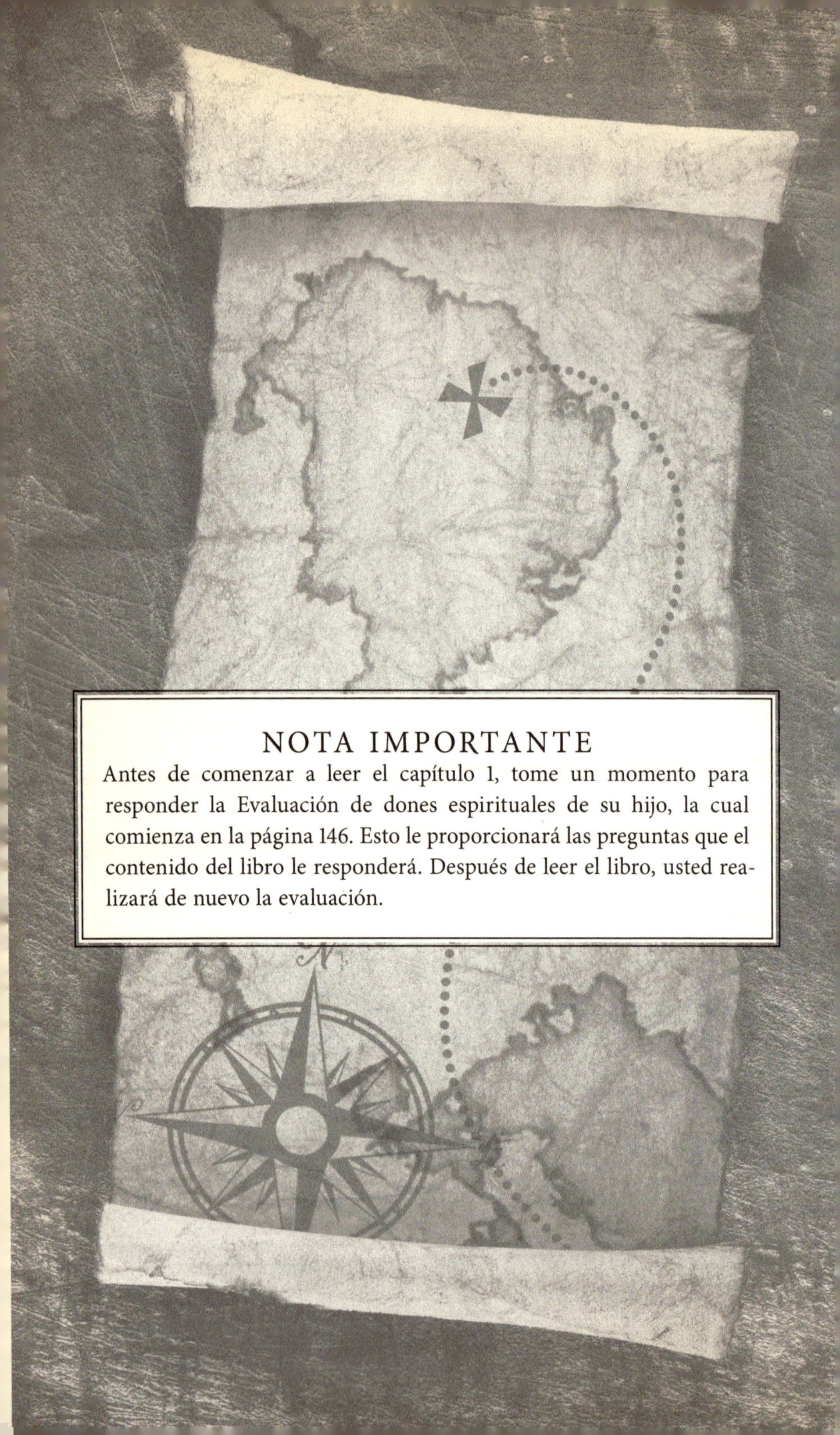

NOTA IMPORTANTE

Antes de comenzar a leer el capítulo 1, tome un momento para responder la Evaluación de dones espirituales de su hijo, la cual comienza en la página 146. Esto le proporcionará las preguntas que el contenido del libro le responderá. Después de leer el libro, usted realizará de nuevo la evaluación.

PARTE UNO

Los argumentos a favor de los niños con dones espirituales

He estado apasionada por los niños pequeños desde que tenía alrededor de nueve años. Me encanta la manera en que su rostro se ilumina al ver algo tan simple como una galleta. Me encanta la manera en la que aman a Jesús.

Siempre he deseado ver un propósito claro en mi vida. Solía preguntarle a mi mamá en qué era buena. Anhelaba ser como los demás niños y ser buena en los deportes, en el arte o tocar algún instrumento. De manera que cuando mi mamá me decía que yo era buena con los niños, desde luego mi respuesta era: "Eso no cuenta". No fue sino hasta hace algunos veranos que comencé a creer que eso sí contaba en realidad.

Trabajé en la guardería de la iglesia, cuidando a los niños casi cada domingo por la noche durante cinco años, pero no fue sino hasta el verano de 2010 cuando realmente encontré mi lugar. Existe un programa administrado por Forest Home Family Camp llamado Programa para Auxiliares de Cuidado Infantil, para niñas de 13 a 18 años. En este programa, niñas como yo pagan para tener la oportunidad de asistir, ser discipuladas y trabajar con los hijos de los padres que los traen al campamento familiar de verano. El programa me proporciona una oportunidad para crecer en mi fe y en mis dones.

Comprender mis dones espirituales es algo con lo que yo luchaba constantemente. Ahora he encontrado algo que amo y que glorifica a Dios al mismo tiempo. Debido a que Dios me ha bendecido con las increíbles habilidades necesarias para trabajar con los niños, estoy muy segura de que las utilizaré para agradarlo. Estar apasionada por los niños, así como ayudarlos a descubrir su vida en Cristo, me provoca desear trabajar con ellos en el futuro. Reconocer nuestros dones espirituales es la parte difícil, pero la parte fácil es utilizarlos para la gloria de Dios.

Madison, 15 años
La auxiliar de cuidado infantil asignada a
nuestra familia en el Forest Home Family Camp,
Verano de 2011

1

¿Cuán cristiano puede ser un niño?

Los argumentos a favor de los dones espirituales en los niños

Pero tengo otro nombre. Deben aprender a conocerme por ese nombre. Esa fue la razón por la que fueron traídos a Narnia, para que conociéndome un poco aquí, pudieran conocerme mejor allá.

—ASLAN A EUSTACE, LUCY Y EDMUND

Yo creo que los niños tienen dones espirituales.[1]

Todo comenzó justo antes de que nuestra hija Lily cumpliera cuatro años. Nos encontrábamos de nuevo en Disneyland. Tenemos pases anuales, así que vamos una vez al mes. Si usted conoce Disneyland, sabe que para llegar al área de Pooh y Tigger, tiene que pasar por la Splash Mountain.

La Splash Mountain es la clásica atracción de troncos flotantes. Es un increíblemente lento y monótono viaje flotante, lleno de exagerados personajes mecanizados. La recompensa del pesaroso recorrido es la caída. En ella, el tronco en el que uno avanza, cae hacia el abismo durante 2.7 segundos de terror crudo.

Por lo tanto, me sorprendió cuando, mientras nos dirigíamos hacia la tierra de la miel y los burros sin cola, Lily se detuvo, fascinada por los gritos de la gente que descendía en la caída y exclamó: "¡Quiero subirme a eso, Papi!".

Al principio intenté convencerla de no hacerlo. No pensé que tuviera la edad suficiente. Sin duda, me equivoqué. Lily, persistente, insistió que deseaba subirse a la Splash Mountain. Gracias a Dios, yo sabía que las atracciones como esta tenían límites de altura. Los niños de tres años no deben subirse a estos juegos mecánicos. En algún punto, un miembro del personal de Disney la regresaría y podríamos volver a los juegos apropiados para niños.

De manera que fuimos a descubrir lo que yo ya sabía. Mientras entrábamos al juego, me di cuenta de que no había medidores de estatura. Parecía como si cualquiera pudiera abordar, siempre y cuando estuviera acompañado de un adulto.

Sin saber si había cometido un enorme error al permitirle a Lily tomar esta decisión, abordamos nuestro tronco. Me preparé para tener una niña pequeña aterrada durante seis minutos, rogándome que regresáramos; pero no habría retorno, estábamos comprometidos. Esto no era ser un buen padre. Lily podría adquirir una cicatriz emocional de por vida.

¿CUÁN CRISTIANO PUEDE SER UN NIÑO?

No estoy seguro de cuándo o por qué sucedió, pero en algún punto de la gran historia de la Iglesia, decidimos que solamente ciertos elementos de la vida plena en Cristo estaban disponibles para nuestros niños. Esto definitivamente sucede con respecto a los dones espirituales de los niños. En algún punto, ¡alguien puso un medidor de altura espiritual y generaciones de niños cristianos se han perdido del juego de su vida desde entonces!

No estoy seguro de cuándo o por qué sucedió, pero en algún punto de la gran historia de la Iglesia, decidimos que solamente ciertos elementos de la vida plena en Cristo estaban disponibles para nuestros niños.

Nuestros dones espirituales son como un juego mecánico de la fe y son una de las maneras más dinámicas en que llegamos a conocer a Cristo y a madurar en nuestra relación con Él. Cuando caminamos en nuestros dones espirituales, nos ensuciamos las manos y los pies por Jesús, y comenzamos a lucir y a actuar como los cristianos de la Biblia.

Relegados para los años de la adolescencia

Si existe un punto en el que nosotros, como padres cristianos, estamos obstaculizando a nuestros hijos, es al no creer que nuestros hijos, incluso los más pequeños, puedan caminar poderosamente en acuerdo con el Espíritu y los dones espirituales que se les han conferido.

En Lucas 18, vemos que incluso los discípulos mismos eran propensos a marginar a los niños a un papel de testigos espirituales en lugar de verlos como colaboradores en la fe de la venida del Reino.

Los discípulos de Cristo pensaron que los niños podían estar cerca de Jesús, pero no experimentarlo profundamente, sentarse en su regazo, tirar de su barba, derretirse en su abrazo o mirarlo profundamente a los ojos.

> También le llevaban niños pequeños a Jesús para que los tocara. Al ver esto, los discípulos reprendían a quienes los llevaban. Pero Jesús llamó a los niños y dijo: "Dejen que los niños vengan a mí, y no se lo impidan, porque el reino de Dios es de quienes son como ellos. Les aseguro que el que no reciba el reino de Dios como un niño, de ninguna manera entrará en él."
>
> —Lucas 18:15-17

Parte del poder de esta enseñanza se encuentra en los versículos que le siguen a este pasaje. En ellos encontramos a un hombre devoto que conocía todo acerca de Dios y que había seguido todas las reglas desde que era pequeño; pero cuando Jesús probó su fe con una devoción que iba más allá de la ley del conocimiento estricto, él se entristeció. Esto es lo que sucede cuando la crianza espiritual de un niño se enfoca solamente en conocer la verdad en lugar de entrelazar la verdad con la experiencia.

> Cierto dirigente le preguntó:
>
> —Maestro bueno, ¿qué tengo que hacer para heredar la vida eterna?
>
> —¿Por qué me llamas bueno?—respondió Jesús—. Nadie es bueno sino solo Dios. Ya sabes los mandamientos: "No cometas adulterio, no mates, no robes, no presentes falso testimonio, honra a tu padre y a tu madre".

—Todo eso lo he cumplido desde que era joven—dijo el hombre.

Al oír esto, Jesús añadió:

—Todavía te falta una cosa: vende todo lo que tienes y repártelo entre los pobres, y tendrás tesoro en el cielo. Luego ven y sígueme.

Cuando el hombre oyó esto, se entristeció mucho, pues era muy rico.

—LUCAS 18:18-23

Algo que debemos comprender en adelante es que Dios desea que les ofrezcamos la fe completa a nuestros hijos, no solamente las partes que creamos que pueden asimilar. Eso significa que, tal como nosotros, ¡nuestros hijos tienen un llamado a ministrar ahora!

Yo no sé por qué hemos relegado la plenitud dinámica de la vida cristiana a la edad de la adolescencia en adelante. Pasamos los primeros 10 a 12 años de la vida de un niño contándole todo acerca de Dios, pero jamás dejándolo explorar en realidad la anchura y las riquezas de conocer a Dios en el ministerio activo por sí mismos.

Nos hemos posiblemente conformado con las palabras de Proverbios 22:6, creyendo que proteger a nuestros hijos de las tretas del mundo, así como llenarlos con la Escritura y la verdad es el camino para crear una fe sostenible. Este, a menudo, puede ser un modelo de provisión y protección basado en el temor, en lugar de ser un modelo basado en el equipamiento de fe:

Instruye al niño en el camino correcto, y aun en su vejez no lo abandonará.

Lo que muchos padres han malinterpretado es que el modelo de instrucción al que el autor se estaba refiriendo en el original hebreo es el discipulado práctico de Deuteronomio 6. Este es el estilo que Jesús utilizó. Es el tipo de instrucción y discipulado que se lleva a cabo en las trincheras del ministerio, en lugar de en las limpias y prolijas sinagogas e iglesias.

Ama al Señor tu Dios con todo tu corazón y con toda tu alma y con todas tus fuerzas. Grábate en el corazón estas palabras que hoy te mando. Incúlcaselas continuamente a tus hijos. Háblales de ellas cuando estés en tu casa y

> cuando vayas por el camino, cuando te acuestes y cuando te levantes. Átalas a tus manos como un signo; llévalas en tu frente como una marca; escríbelas en los postes de tu casa y en los portones de tus ciudades.
>
> —Deuteronomio 6:5-9

Este tipo de discipulado instructivo solamente sucede cuando nos asociamos con nuestros hijos en el ministerio único al que Dios los ha llamado. De ahí que explorar y darles libertad a nuestros hijos en sus dones espirituales y en su ministerio sea de suma importancia. Nuestros dones espirituales actúan como el campo de juego de la creencia y de la fe. Los dones espirituales equivalen al ministerio, sin importar la edad.

Cuando esto no sucede, es muy posible que, como el hombre de Lucas 18, nuestra paternidad produzca niños que sepan todo acerca de Dios, pero que nunca hayan experimentado a Jesús en una manera que cambie su corazón. La fe de estos niños, a menudo entra en remisión al llegar a la mágica edad de los 18. Estos son niños que tienen conocimiento, pero no la intimidad davídica que vemos en los salmos.

Proporcióneles el evangelio íntegro a sus hijos

El evangelio íntegro y toda su intención están dirigidos a los niños, así como a los adultos. Cuando el Espíritu Santo vino en poder, lo hizo para darle poder a la Iglesia entera. La plenitud, el poder y los dones del Espíritu fueron distribuidos en una manera nueva. El Reino ahora está abierto para todos. El velo ha sido rasgado. El poder de Dios ya no está confinado a un puñado de profetas, sacerdotes y jueces. El campo de juego fue ampliado y todos fueron invitados a participar. Nadie que crea en el nombre de Jesús ha sido dejado fuera.

En Efesios 3, el apóstol Pablo aclara que la plenitud de Cristo está disponible para toda la familia de creyentes. Esto incluye a sus hijos. Al leer este pasaje en las Escrituras, vea si su comprensión de la riqueza de la vida cristiana que usted espera para sus hijos concuerda con la intención de este pasaje. Si no, pregúntese: ¿por qué no?

Por esta razón me arrodillo delante del Padre, de quien recibe nombre toda familia en el cielo y en la tierra. Le pido que, por medio del Espíritu y con el poder que procede de sus gloriosas riquezas, los fortalezca a ustedes en lo íntimo de su ser, para que por fe Cristo habite en sus corazones. Y pido que, arraigados y cimentados en amor, puedan comprender, junto con todos los santos, cuán ancho y largo, alto y profundo es el amor de Cristo; en fin, que conozcan ese amor que sobrepasa nuestro conocimiento, para que sean llenos de la plenitud de Dios.

Al que puede hacer muchísimo más que todo lo que podamos imaginarnos o pedir, por el poder que obra eficazmente en nosotros, ¡a él sea la gloria en la iglesia y en Cristo Jesús por todas las generaciones, por los siglos de los siglos! Amén.

—EFESIOS 3:14-21

EQUIPAN A TODO EL CUERPO

El libro de los Hechos se trata de equipar a los creyentes en Jesús para el ministerio del Reino. Este era un equipamiento de poder y de aspectos prácticos. A semejanza de los esteroides en el cuerpo de un atleta, la llenura del Espíritu Santo ahora estaba dándole poder a todo aquel que creyera, para hacer obras mayores de las que jamás había hecho para el Reino.

Los niños no tienen que graduarse de la secundaria o de la preparatoria, antes de poder impactar dramáticamente su mundo y su cultura para Jesús. Los niños que creen, son llamados no solamente a comprender la fe; sino también a encontrar su ministerio y su propósito único, tal como nosotros, y a vivirlo al máximo. Navegar por este viaje con ellos es parte de la comisión divina de los padres.

Los niños—sus hijos—tienen la capacidad de evangelizar y compartir la verdad de Dios en una manera que puede llevar incluso al ateo más estoico a arrodillarse. Los niños, incluso los pequeños, pueden orar y ver sanar a los demás. Los niños, cuando son guiados por el Espíritu Santo, pueden hablar ciencia y sabiduría demasiado elevadas para su edad. Son animadores, siervos y dadores.

> Desde los días de Juan el Bautista hasta ahora, el reino de los cielos ha venido avanzando contra viento y marea, y los que se esfuerzan logran aferrarse a él.
>
> —Mateo 11:12

Los niños pueden traer el Reino de Dios desde el cielo y soltarlo con una infusión vibrante en este mundo apagado y hosco. Eso si es que nosotros como adultos no los obstaculizamos con nuestra incredulidad.

Los niños pueden traer el Reino de Dios desde el cielo y soltarlo con una infusión vibrante en este mundo apagado y hosco. Eso si es que nosotros como adultos no los obstaculizamos con nuestra incredulidad.

Los dones espirituales confirman a los niños en Dios

Una de las razones por las que continúo siguiendo a Dios en la actualidad y, finalmente, me dediqué al ministerio como una vocación, es porque yo estuve bajo un pastor que me puso a caminar inmediatamente en mis dones, en el tiempo en el que volví a entregarle mi vida a Jesús. El pastor Dave sabía que los dones de Dios generan permanencia. Yo definitivamente no estaba listo; apenas había pasado un mes desde que había dejado de consumir drogas y alcohol. Solamente habían pasado 30 días desde que mi amigo, Torry, me había sacado de un lugar de mala muerte en Tijuana. Sin embargo, el pastor Dave me pidió que le ayudara a dirigir un pequeño grupo de estudio bíblico.

Me mostré reacio cuando Dave me pidió que le ayudara con esa tarea. *¿De verdad? ¿Él deseaba que yo le ayudara a dirigir un estudio bíblico? De ninguna manera, amigo, solamente me sentaré a asimilarlo.* Dave fue persistente. Él no me dejaría solo. De manera que, con mis cigarros aún escondidos en la guantera de mi coche—me tomaría un tiempo dejar el hábito—me sumergí en la Palabra de Dios.

La confianza que Dave me tuvo y su entendimiento de los dones espirituales crearon una atracción magnética que me conectó con Cristo. De inmediato pasé de ser un observador a ser un participante activo en la fe. Me encantaba preparar el estudio bíblico cada semana. Reviví bajo la cobertura del pastor Dave. Me enamoré de la Palabra de Dios. Me enamoré de Dios.

Lo mismo sucede con nuestros hijos. Cuando experimenten a Dios en sus dones, ellos serán confirmados en su fe. Comenzarán a crear una historia de experiencias en las que Dios ha respaldado su fe con su presencia manifiesta. Sus hijos sabrán que son cristianos no solo por nombre. Ellos sabrán que está en sus huesos. Esto se debe a que cuando damos un paso de fe y un paso en nuestros dones, le damos paso a Dios para que se muestre. Si ha caminado en sus dones y ha visto el mover de Dios, usted sabe a qué me refiero.

> Por eso, de la manera que recibieron a Cristo Jesús como Señor, vivan ahora en él, arraigados y edificados en él, *confirmados* en la fe como se les enseñó, y llenos de gratitud.
>
> —COLOSENSES 2:6-7, ÉNFASIS AÑADIDO

Si alguien puede darme un buen argumento sobre por qué los dones espirituales no están disponibles para los niños, me gustaría escucharlo. Como usted, yo deseo caminar en la verdad de la Palabra de Dios, no sobre algún invento de mi imaginación. Dicho esto, no creo que usted pueda refutar mi entendimiento. En cambio, si usted comienza a ayudarle a su hijo a descubrir más de Dios en sus dones espirituales personales, ¡se dará cuenta de que su hijo comenzará a conocer a Dios en una manera más profunda! Cuando damos un paso de fe y un paso en nuestros dones, le permitimos a Dios que se muestre.

> Cuando damos un paso de fe y un paso en nuestros dones, le permitimos a Dios que se muestre.

MISIONEROS DEL PATIO DE RECREO

Durante los últimos cuatro años, he sido uno de los papás que siempre está en el patio de recreo. Esto se debe a que sentimos que Dios ha llamado a nuestra familia al sistema de escuelas públicas.

Cada viernes, a las 12:45 p.m., usted me puede encontrar en la escuela de Lily. Es mi parte favorita de la semana.

Mi esposa, Karie, y yo, cuando Lily entró en el jardín de infancia, creíamos que la mejor manera de producir un impacto en su escuela era estar presentes constantemente, y reclutar a tantos padres creyentes como pudiéramos para hacer lo mismo.

Aunque Dios definitivamente nos estaba usando a Karie y a mí para ayudar a marcar una diferencia con el fin de traer el Reino a esa escuela, nos hemos inclinado hacia la idea de que solamente somos un segundo frente de apoyo, un respaldo, por decirlo de alguna manera. Lo que hemos llegado a comprender es que si la escuela de Lily será realmente transformada por Jesús, tendrá que suceder a través de Lily y de sus amigos creyentes. ¡Los misioneros más influyentes que Cristo enviará a las escuelas de sus hijos, serán sus hijos!

Al haber comprendido esto, hemos ido de principalmente intentar reunir a otros padres en la escuela de Lily, a discipularla a ella para que se reúna con sus amigos cristianos y que ministre junto con ellos.

Creer que Jesús puede crear un avivamiento en la escuela a través de los mismos niños que atraviesan los pasillos y el patio de recreo diariamente es una premisa cristiana básica. Dios utiliza a su pueblo, a todo su pueblo, para cambiar los ambientes y las culturas en donde se desarrollan diariamente.

> Sin embargo, gracias a Dios que en Cristo siempre nos lleva triunfantes y, por medio de nosotros, esparce por todas partes la fragancia de su conocimiento.
>
> —2 Corintios 2:14

El don espiritual de la intercesión/oración, con un estilo urbano

Pude experimentar recientemente una situación en que Dios utilizó a Lily y sus dones con el propósito de alcanzar a su escuela para Cristo. Una noche, mientras arropaba a Lily, el Señor me dijo que le preguntara si había estado utilizando su don de intercesión/oración (más adelante en este libro, le compartiré cómo determinar los dones espirituales de sus hijos).

La respuesta de Lily me sorprendió por completo. Esto es lo que me dijo: "Bien, hoy decidí no jugar en el recreo y en lugar de ello caminé alrededor de la escuela para orar por los niños y los maestros de mi escuela". ¿Perdón? ¿Escuché bien? ¿Lily había tomado la iniciativa y la decisión de tomar una "caminata de oración" en su escuela, sacrificando su tiempo de juego?

Si eso le asombra a usted, permítame asegurarle que a Karie y a mí también nos sorprendió. Nunca habíamos hablado con Lily acerca de la intercesión en ese nivel. Todo lo que habíamos hecho era animarla a orar por sus amigos todas las noches antes de dormir.

> En mi lecho me acuerdo de ti; pienso en ti toda la noche.
>
> —SALMOS 63:6

Me avergüenza decir que está podría ser otra de esas ocasiones en la que podríamos haber obstaculizado la fe de Lily, si el Espíritu Santo no la hubiera llevado a librar el obstáculo. Habíamos confinado la intercesión de Lily a su habitación, sin jamás soñar que una niña pudiera sacrificar su tiempo de recreo para buscar a Dios por sus amigos y maestros. Gracias a Dios, el Espíritu Santo tenía planes más grandes.

ASLAN Y LA ESPIRITUALIDAD DE UN NIÑO

Para cerrar este capítulo, deseo regresar a Narnia. En los libros de *Las crónicas de Narnia*, de C. S. Lewis, encontramos a un autor que creía que los niños eran más que espectadores de la fe. En el epílogo de *La travesía del viajero del alba*, Aslan les habla a Edmund, a Lucy y a Eustace de esta temporada crucial de la vida y de cómo esta fijaría el rumbo hacia su futuro:

> —Por favor, Aslan—dijo Lucy—, antes de que nos vayamos, dinos cuándo podemos regresar a Narnia de nuevo. Por favor. Y, oh, que sea, que sea, que sea pronto.
>
> —Querida—dijo Aslan muy gentilmente—tu hermano y tú nunca regresarán a Narnia.
>
> —¡Oh, Aslan!—dijeron Edmund y Lucy con voces de desesperación.
>
> —Son muy grandes, niños—dijo Aslan—y deben comenzar a acercarse a su propio mundo ahora.

Hacia el final de Narnia, nos enfrentamos con algo que todo padre ya sabe. Un día, nuestros hijos crecerán, cesarán las preguntas constantes, la fe de niños será sustituida por el razonamiento adulto y nuestros hijos se acercarán un paso más hacia el conocimiento.

En la serie de Narnia, C. S. Lewis muestra elegantemente este breve periodo de la espiritualidad de la infancia. Lewis presenta el caminar espiritual de los niños como un tiempo cautivador en el que ellos no son considerados como vasijas listas para ser llenadas, sino como fogatas listas para ser encendidas.[2] La fe de estos reyes y reinas, niños que pelean batallas espirituales reales es probada y ellos caminan en sus dones espirituales para la gloria del reino de Aslan.

> —¿Señor, usted también está ahí [en la adultez y en el mundo real]?—dijo Edmund.
>
> —Lo estoy—dijo Aslan—, pero tengo otro nombre. Deben aprender a conocerme con ese nombre. Esta fue la razón por la que los traje a Narnia, para que al conocerme aquí un poco, puedan conocerme mejor allá.[3]

Esta afirmación final ilustra la razón por la que escribí este libro. Se debe a que creo que debemos aprovechar la oportunidad de discipular a nuestros hijos en sus dones espirituales, de modo que conocer a Jesús "aquí un poco", se traduzca en generar en ellos una vida gloriosa de seguir a Cristo.

Lanzarse por la rampa

Yo estaba nervioso cuando Lily y yo llegamos a la caída de Splash Mountain. Entonces, sucedió algo que nunca esperé que pasara. En lugar de llorar y aferrarse a algo para salvar su vida, Lily levantó los brazos y gritó de gozo mientras caíamos de lo que parecía la faz de la tierra. Lily estaba disfrutándolo con todo su ser y gozando cada minuto.

Yo veo esos momentos como unos de los más memorables de mi paternidad. Dios tomó 2.7 segundos y me dio una perspectiva eterna. Nuestros hijos no están buscando ser espectadores, ¡sino participantes emocionados que traen el Reino a esta vida que conocemos como Cristo!

2

Los abejorros y los dones espirituales

Proporcione una plataforma para los dones espirituales

Yo estaba verdaderamente orgulloso de mí mismo. Pensé que esto era cosa de adultos, que solamente los adultos podían hacerlo, pero los niños pueden hacerlo también.

—Misha Lotto, científico de quinto grado

¿Qué tienen que ver los abejorros con los dones espirituales? La respuesta es mucho mayor si usted está buscando un ejemplo de la habilidad de un muchacho para vivir más allá de los límites que se le han impuesto.

El año pasado, un proyecto de ciencias de una pequeña escuela primaria obtuvo el elogio internacional, cuando un grupo de niños de tercer y cuarto grados descubrió algo acerca de la manera en que polinizan los abejorros, que los científicos no habían podido ver antes.

El experimento fue establecido por uno de los padres de los niños. El Dr. Beau Lotto, un neurocientífico, trabajó como voluntario en el proyecto, pero los niños fueron quienes llevaron a cabo la investigación. El estudio abordó la manera en que los abejorros eligen cada flor que buscan agitadamente.

Lo primero que hicieron los niños fue crear un hábitat para los abejorros. La caja de acrílico estaba dividida en partes y preparada con una estructura de puntos de colores que formaba un rompecabezas contextual. El centro de cada punto estaba lleno de agua azucarada, de manera que el estudio fuera consistente.

Lo que se extrajo del experimento fue que los abejorros utilizan diferentes estrategias en cuanto a la toma de decisiones. Algunos abejorros se dirigían directo al punto brillante en medio de cada círculo. Otros, tocaban muchos lugares fuera del centro de los puntos, antes de escoger la flor que deseaban.

Antes de este momento, los científicos habían creído que los abejorros tomaban estas decisiones solamente basados en el color. El otro supuesto era que todos los abejorros tomaban sus decisiones de la misma manera. Este revolucionario estudio ha creado una ola de nuevas investigaciones y sus descubrimientos fueron publicados por una importante revista científica.[1]

Cuando le preguntaron al Dr. Lotto si los niños habían podido encontrar por sí solos un descubrimiento tan importante, él dijo que se debió a tres simples pasos. El primero fue, y estas fueron sus palabras, [ellos tuvieron] "acceso a cosas". En este caso, fue la materia prima para fabricar el hábitat de los abejorros. Lo siguiente fue "confianza". Los niños necesitaban saber que estaban haciendo preguntas que importaban, preguntas que les interesaban a otras personas. Finalmente, la clase necesitó una plataforma para compartir lo que habían aprendido.[2] Si lo pensamos, esto es muy parecido a la misma estrategia que Jesús utilizó cuando levantó a sus discípulos.

Cuando le preguntaron a Misha, el hijo del Dr. Lotto, acerca de qué sintió de que su estudio fuera publicado en *Biology Letters*,[3] dijo lo siguiente: "Yo estaba muy orgulloso de mí mismo. Pensé que era cosa de adultos, que solamente los adultos podían hacerlo, pero los niños pueden hacerlo también". Cuando le preguntaron al niño qué significaba eso para su vida, él respondió que había decidido convertirse en científico como su padre.

Los niños responden a los desafíos

Lo que muestra esta historia es que los niños responden a los desafíos. Los niños y los adolescentes están buscando que alguien les ayude a hacer las preguntas correctas y más tarde, les proporcione un marco para experimentar. Según las palabras del Dr. Lotto, ellos necesitan que alguien les dé no solamente "acceso a cosas", sino también la confianza de implementar lo que descubren. En el caso de Misha, fue un padre científico que se tomó un tiempo fuera de su importante carrera, para crear un hábitat para los abejorros con algunos niños.

Los padres, al llevar a cabo este tipo de cosas, están hablando el lenguaje de los niños. Están diciendo: "Tú importas y creo en ti. Vayamos a explorar juntos este gran mundo y a descubrir en dónde encajamos". Al entrar más en el concepto de la mezcla única de dones espirituales de su hijo, deseo que lo haga teniendo en mente la historia anterior. En ella, usted verá un patrón fácilmente reproducible cuando se crea un contexto de descubrimiento espiritual en los niños.

El proceso para darles libertad a sus hijos en sus dones

1. *Deles acceso a cosas:* Descubra sus dones espirituales personales y entrénelos en ellos.
2. *Proporcione confianza:* Hágales saber que cree en ellos y en sus habilidades para Dios. ¡El aliento es un increíble facilitador!
3. *Proporcione una plataforma*: Encuentre oportunidades de ministerio que concuerden con sus dones e involucre a sus hijos en esos ministerios.

Me encanta que el Dr. Lotto utilizara la frase "acceso a cosas". Usted esperaría que un científico profesional utilizara una palabra más impresionante para describir los criterios y las sustancias necesarias para este estudio importante. En cambio, el Dr. Lotto utilizó la palabra "cosas". Para nuestros niños, palabras como "cosas" desmitifican conceptos grandes como los dones espirituales. Su don de ser padre se mostrará al practicar el arte de explicar y llevar a sus hijos a las profundidades y "las cosas" de Dios, en una manera que puedan entenderlo.

Una de las otras cosas que deseo admitir es que el concepto de los dones espirituales de los niños les resulta extraño a muchos padres. Como lo dije anteriormente, muchas madres y padres no tienen idea de dónde encajan en el Cuerpo de Cristo, ni hablar de dónde encajan sus hijos. Una de las razones por las que Misha pudo tener éxito como científico, se debió a que tuvo un padre a quien emular. El Dr. Beau Lotto no solamente era un científico nominal. Él no solamente vestía una bata blanca en casa. Beau era un científico real involucrado en experimentos y descubrimientos legítimos. Beau Lotto es un verdadero científico.

> Su don de ser padre se mostrará al practicar el arte de explicar y llevar a sus hijos a las profundidades y "las cosas" de Dios en una manera que puedan entenderlo.

A continuación tenemos un correo electrónico que Karie y yo recibimos recientemente de nuestros buenos amigos Andrew y Jennifer. Les pedí a Andrew y a Jennifer que me enviaran lo que pensaban acerca de los dones espirituales, porque sabía que los reconocían en la vida de sus hijos y que estaban desarrollando estrategias para ayudarlos a crecer en sus dones. Sé además que escuchar a otros padres puede ser un aliento enorme. A continuación lo que escribieron:

> Hola, Adam, escribí algunas ideas que tuve en las últimas semanas con respecto a tu petición. Fue un gran recordatorio para continuar edificando a mis hijos de esta manera.
>
> Creo que para un padre puede ser abrumador darse a la tarea de descubrir los dones espirituales de sus hijos. Dependiendo de su propio nivel de comodidad con la idea de los dones espirituales, esto puede parecer una ardua tarea.
>
> La primera vez que pensé en mi papel de ayudar a nuestros hijos a descubrir sus dones espirituales fue cuando comencé a examinar el hombre que Dios me había hecho. Recuerdo que me pidieron servir en el ministerio de niños de tres años. Pensé: *No hay problema, es fácil. Me encantan los niños.* Pero yo [Jennifer] me sorprendí de cuan poco lo disfrutaba. Después de todo, soy mamá. Me encantaban los niños y, sin embargo, cada semana me encontraba mirando al reloj, contando los minutos para que terminara el servicio de la iglesia.
>
> Cierta semana, alguien no llegó a cubrir su turno del

> ministerio de bienvenida de niños y me pidieron que lo suplantara. Aquí fue donde comencé a amar servir. Tuve el deseo profundo de acoger a la gente cuando llegaba a la puerta. Naturalmente, me incliné hacia los padres que estaban de visita por primera vez en la iglesia y que se encontraban confundidos de adónde ir. Sé que dejar a sus hijos solos en un ambiente nuevo puede ser incómodo. Yo deseaba que ellos se sintieran seguros de quién iba a cuidar a sus hijos. Recordé cómo me sentí como visitante la primera vez, completamente sola e insegura.
>
> Al continuar con el ministerio de bienvenida de niños, hice amistad con las familias y pude recordar los nombres de los niños semana tras semana. Fue aquí que renací. Esto era lo que amaba hacer. Debido a que estaba sirviendo con mis dones de servicio, hospitalidad y misericordia, no parecía ser trabajo. Dios me había creado para llevar a cabo eso. A menudo permanecía en ese lugar de bienvenida durante todo el servicio y mucho después de que terminara mi turno.

Cuando padres como Andrew y Jennifer saben quienes son en Cristo y cuáles son sus propios dones espirituales, a ellos se les facilita mucho más dirigir a sus hijos en su don. Cuando este no es el caso, puede resultar como intentar enseñarle a un niño a nadar cuando uno mismo no sabe hacerlo. El resto del correo electrónico de Jennifer nos muestra lo que sucedió después de que comprendió el propósito para el que fue creada en Cristo:

> Con este nuevo entendimiento, comencé a ver los dones espirituales de mis hijos en una manera diferente. ¿Con qué propósito los creó Dios? ¿Qué hay en su ADN? ¿Qué tienen que aportar al Reino específicamente? Descubrí que la iglesia encuentra su plenitud y su vida cuando los creyentes sirven en sus cualidades únicas inspiradas por Dios.
>
> Comencé animando a mis hijos en los dones que vi que ponían sobre la mesa. A mi hijo mayor, Josh, le decía: "Desde que eras pequeño la gente siempre ha visto al Señor en ti. Tú tienes la habilidad de escuchar y discernir del Señor, tal como yo". A Nate le decía: "Tú tienes un gran

> corazón de adoración”.[4] Dije eso, porque observaba que Nate respondía a la alabanza cuando la escuchábamos en el coche y en casa. Esto llevó a Nate a desear autoenseñarse a tocar la guitarra y a dirigir la adoración en la clase de niños de dos años. Con Abby, deseábamos afirmar su don pastoral.[5] Tan frecuentemente como nos era posible, resaltábamos lo que veíamos en ella con palabras como: “Eres muy cariñosa. ¿Te has dado cuenta de cuánto te aman los niños más pequeños?”.

Lo que hicieron Jennifer y Andrew aquí es muy importante para edificar a los niños en la fe. Es asimismo la segunda regla para animar a los niños, de acuerdo con el experimento de los abejorros del Dr. Lotto. Esa regla es la confianza. La reacción a reconocer y, más tarde, alentar a sus hijos es básicamente atómica. Se edifica sobre sí misma. El aliento produce confianza. La confianza, cuando se encuentra bajo la autoridad del Espíritu Santo, se llama fe. De acuerdo con la Escritura, no podemos vivir en Dios sin ella.

> Vivimos por fe, no por vista.
>
> —2 Corintios 5:7

Este es el punto crítico de la espiritualidad. El día que nos damos cuenta de quiénes somos en Cristo y tenemos la confianza de dar un paso de fe, es el día en que nuestra vida con Dios se torna dinámica. Es el día en que la aventura comienza de verdad. Estoy seguro de que usted ha experimentado esto con su hijo. Al poco tiempo de haberlo metido en la piscina por primera vez, usted lo coloca en la orilla y lo anima a saltar hacia sus brazos. Finalmente, con su aliento, su hijo salta. Poco después, él le pide que mida la distancia de los saltos más grandes que da hacia lo profundo. ¡Lo mismo sucede con los pasos espirituales de su hijo y con su capacidad para experimentar aventuras todavía mayores con Dios!

Jennifer termina su correo electrónico dándonos un ejemplo del tercer paso de soltar a los niños para ejercer sus dones espirituales. Jennifer encontró una oportunidad para el ministerio e hizo equipo con sus hijos.

> Después de haber entendido las cualidades espirituales de nuestros hijos comenzamos a buscar oportunidades para que pusieran en práctica sus dones, es decir que ministraran. Recuerdo a una anciana que fue a nuestra venta de garaje un día. La reconocí porque la había visto antes en la ciudad y le pregunté cómo se encontraba. Ella me contó de una reciente caída que le había provocado un dolor constante durante ya varias semanas. Mis dos hijos estaban junto a mí. Yo sé que a mi hijo, Josh, en particular, le encanta orar por los demás. Le pregunté a la mujer si podíamos orar por ella. La frágil mujer aceptó con presteza. Justo ahí, en medio de la venta de garaje, con personas pasando a nuestro alrededor, le pedí a Nate que le acercara una silla. Mis dos hijos le impusieron manos y oraron por su sanidad. Ella nos agradeció con lágrimas en sus ojos, evidentemente conmovida. No he vuelto a ver a la mujer, pero no puedo evitar pensar en lo que hicieron mis hijos ese día y en que la oportunidad de orar por esta mujer sin dudar o sentir vergüenza cambió su vida espiritual para siempre.

Tal como usted, Andrew y Jennifer son padres normales. Tienen las mismas debilidades y luchas que el resto de nosotros. No tienen una licenciatura en paternidad espiritual. Lo que sí tienen es hambre y sed de Dios, combinadas con un deseo de ver a sus hijos tener lo mismo. Ambos rasgos están disponibles sin medida para todo aquel que desee caminar en ellos.

USTED YA ES UN EXPERTO

Créame, usted ya conoce el proceso de identificar los dones espirituales de sus hijos. Desde luego, posiblemente todavía no sepa cuáles son todos sus dones individuales, pero sabe identificar y procurar lo que usted desea para sus hijos. A esto es a lo que me refiero: Uno de nuestros deseos es que ambas de nuestras hijas practiquen con cierto grado de habilidad el *snowboard* y el esquí. Aunque Karie y yo no seamos esquiadores profesionales ni en sueños, somos excelentes en ayudar a nuestras hijas a ser muy competentes en estos deportes. Tanto Lily como Lucy comenzaron a esquiar cuando tenían dos años. Aunque Lucy continúa en las etapas "iniciales" de su carrera, su hermana Lily, de ocho años, no ha recorrido una pista clasificada como diamante negro que no le haya gustado.

Lily y Lucy se están convirtiendo en hábiles surfistas de nieve, porque Karie y yo teníamos el deseo de que fueran competentes. Sabemos cómo luce un buen surfista de nieve. Sabemos cuando las vueltas de un surfista de nieve no son adecuadas y normales, y cuándo no tienen la suficiente velocidad para las secciones llanas por delante. Además de saber cómo enseñarles acerca de las dificultades de la práctica del *snowboard*, también hemos equipado su vida alrededor de este deporte. La mayor parte de nuestro tiempo discrecional de vacaciones y de nuestras finanzas están enfocados en asegurarnos que Lily y Lucy tengan todas las oportunidades para sobresalir en el *snowboard* y en el esquí.

Algo similar sucede con su hijo. Posiblemente ustedes no sean surfistas de nieve, pero estoy seguro de que existe algo que usted ha deseado o reconocido en su hijo que usted le está ayudando a perseguir. Ya sea el baile, el fútbol, las artes o en lo académico, usted sabe cómo dirigir a su hijo para experimentar y obtener destrezas en ello. Usted está dedicado a esas cosas. Piénselo. ¿Cuánto tiempo pasa conduciendo para llevar a sus hijos a sus prácticas? ¿Cuánto dinero ha gastado en las lecciones? ¿Cuántas veces ha lanzado la pelota en el patio trasero con su hijo, asegurándose de que pueda completar un pase?

Usted puede ver hacia dónde me dirijo con esto. Una vez que sepa de qué se tratan los dones espirituales de intercesión/oración, evangelismo y hospitalidad, y se entusiasme al respecto; más pronto podrá aplicar lo que aprenda de estas áreas. ¡Así que comencemos!

3

Campamento de verano, heridas emocionales y dones espirituales

¿Qué es lo esencial?

Hay quien considera que un día tiene más importancia que otro, pero hay quien considera iguales todos los días. Cada uno debe estar firme en sus propias opiniones. El que le da importancia especial a cierto día, lo hace para el Señor.

—El apóstol Pablo acerca de la libertad cristiana en las cosas sin importancia (Romanos 14:5-6)

Mis padres tuvieron la grandiosa idea de dejar que mi hermano y yo fuéramos a un campamento de verano, cuando yo tenía cinco años. Dos días después de mi graduación del jardín de infancia, empacamos la casa rodante Commander y comenzamos el largo viaje de San Diego, hacia el Campamento Kennolyn, un campamento en las montañas de Santa Cruz, California.

Además de la angustia emocional y de las "cicatrices" subsecuentes que resultaron de haber sido dejados durante dos semanas a la edad de cinco años con un grupo de extraños que llevaban las mismas playeras color verde bosque, fue un campamento muy bueno. De hecho, el Campamento Kennolyn se asemejaba más a Disneyland que a un campamento. Tenía todas las amenidades adicionales. Probablemente era más sofisticado de lo que yo escogería para enviar a mis hijas; pero, ¿quién dice que esas lecciones de esgrima y de adiestramiento de caballos no rendirán frutos algún día?

El tipo de campamento de verano al que usted envía o no envía a su hijo dice mucho acerca de lo que usted valora como padre.

¿Desea que sus hijos aprendan a luchar con los elementos o que los consientan en las Bahamas? ¿El programa incluye caballos o deportes acuáticos? Posiblemente usted prefiera una experiencia misionera o los campamentos familiares. Sea lo que sea, eso dice algo acerca de usted.

Su perspectiva de los dones espirituales también lo sitúa en un campamento. Posiblemente no lo sepa, pero lo que usted cree acerca de los dones espirituales les mostrará a los demás lo que usted valora.

Debido a que el diablo lo sabe, él ha utilizado durante siglos los dones espirituales como un campo de batalla clave para dividir a los cristianos. Los argumentos acerca de qué dones están disponibles en la actualidad o de qué dones deben considerarse verdaderos dones espirituales, han dividido mucho de la obra de Dios.

El apóstol Pablo hizo su mejor esfuerzo para distender la tensión que involucraba a los dones al colocarlos en la categoría no eterna. Al decir no eterna, me refiero a las cosas que no tendrán importancia en el cielo. Observe:

> El amor jamás se extingue, mientras que el don de profecía cesará, el de lenguas será silenciado y el de conocimiento desaparecerá. Porque conocemos y profetizamos de manera imperfecta; pero cuando llegue lo perfecto, lo imperfecto desaparecerá. Cuando yo era niño, hablaba como niño, pensaba como niño, razonaba como niño; cuando llegué a ser adulto, dejé atrás las cosas de niño. Ahora vemos de manera indirecta y velada, como en un espejo; pero entonces veremos cara a cara. Ahora conozco de manera imperfecta, pero entonces conoceré tal y como soy conocido. Ahora, pues, permanecen estas tres virtudes: la fe, la esperanza y el amor. Pero la más excelente de ellas es el amor (1 Corintios 13:8-13).

Pablo, en 1 Corintios 13, aclara que los dones espirituales son algo pasajero e imperfecto. Sí, Pablo sabía cuan importantes eran los dones espirituales para la obra del Padre en el Reino, pero también sabía que no pertenecen a la misma categoría que los absolutos lógicos del nacimiento virginal de Jesús o de la justificación de nuestros pecados a través de la fe.

Al final, su postura personal o denominacional acerca de los dones, no importa. Lo que usted realizó y la manera en que actuó en amor en el derramamiento de su vida a través de sus dones espirituales, importará. Lo que quiero decir es que el don pasará, pero los resultados de ese don perdurarán por siempre.

ETIQUETAR

Como usted, el tipo o el grupo de dones espirituales que yo apoyo, es lo que creo que es verdad y que está respaldado por la Escritura. Estas perspectivas han sido respaldadas por muchas experiencias personales que compartiré con usted en adelante. Dicho lo cual, siempre estoy consciente de que, como lo advierte Pablo, solamente vemos de manera imperfecta (ver 1 Corintios 13:9).

Este es mi punto: A diferencia de las verdades eternas, tales como la obra de Cristo en la cruz o la doctrina del nacimiento virginal, no estoy dispuesto a apagar o a separar al Cuerpo de Cristo por los elementos no eternos de la Escritura. Esto incluye mi perspectiva personal y denominacional de los dones espirituales. Como creyentes, debemos mostrar libertad y gracia con respecto a los dones. Esto sucede especialmente dado el hecho de que la Iglesia está uniformemente dividida entre aquellos que creen que todos los dones originales están disponibles para los creyentes de la actualidad y aquellos que no.

> Hay quien considera que un día tiene más importancia que otro, pero hay quien considera iguales todos los días. Cada uno debe estar firme en sus propias opiniones. El que le da importancia especial a cierto día, lo hace para el Señor. El que come de todo, come para el Señor, y lo demuestra dándole gracias a Dios; y el que no come, para el Señor se abstiene, y también da gracias a Dios. Porque ninguno de nosotros vive para sí mismo, ni tampoco muere para sí. Si vivimos, para el Señor vivimos; y si morimos, para el Señor morimos. Así pues, sea que vivamos o que muramos, del Señor somos.
>
> —ROMANOS 14:5-8

Para ser completamente sincero con usted, la razón primordial por la que escribí este libro es para que usted tuviera las herramientas para llevar a los niños al ministerio. Sé que eso suena extraño, pero yo no me dispuse a ser el gurú de los dones espirituales, ni tampoco deseo serlo, a menos que se traduzca en vidas cambiadas y en un mundo cambiado para Jesús. Lo que realmente me importa es que los niños sean llevados al ministerio y se enamoren de Jesús en lo profundo de su corazón y a largo plazo. Esto sucede cuando se ensucian las manos por Jesús. ¡Actuar en sus dones espirituales es una de las mejores maneras en que esto sucede y en que la vida de sus hijos es transformada!

Si usted encuentra un don o dos que no desea añadir a su aljaba personal de dones disponibles, suéltelo; especialmente si va contra la postura de su iglesia acerca de los dones espirituales. Solamente estamos llamados a ejercitar los dones de acuerdo con la medida de nuestra fe. Dicho lo cual, espero que al pasar el resto de estas páginas, usted esté mejor equipado para ayudarle a su hijo a tomar su lugar y la posición que Dios les dio entre los redimidos.

> Tenemos dones diferentes, según la gracia que se nos ha dado. Si el don de alguien es el de profecía, que lo use en proporción con su fe.
>
> —Romanos 12:6

Los dones disponibles

¿Cuántos de los dones espirituales mencionados en la Escritura están disponibles para nosotros en la actualidad? Este es uno de los debates más discutidos en la Iglesia en la actualidad. De hecho, esta disputa ha existido durante alrededor de 2 000 años.

En un lado de la discusión tenemos a quienes creen que algunos de los dones fueron solamente temporales y para el arranque de la Iglesia. En el otro lado del espectro tenemos a aquellos que creen que todos los dones están en juego hoy. Debido a que le estoy escribiendo a toda la Iglesia y a muchas denominaciones, proporcionaré una fuente que involucre a todos los dones. Usted puede decidir cómo desea utilizar e implementar la siguiente enseñanza acerca de los dones en su familia y en la vida de la iglesia.

Una lista de dones

Los pasajes claves de la Escritura que se refieren a los dones espirituales son: 1 Corintios 12:7-10; Efesios 4:11-12 y Romanos 12:6-8. Estos pasajes identifican directamente algunas habilidades especiales como dones del Espíritu Santo.

Se puede proporcionar un argumento sólido espiritual para muchas otras habilidades espirituales que se incluyen en la lista de dones que presento yo, junto con muchos otros. Algunas de estas serían las habilidades/dones de celibato, pobreza voluntaria, martirio, el llamado a la carrera misionera, la hospitalidad y el artesanado. C. Peter Wagner, quien escribió el superventas, *Sus dones espirituales*, ha añadido la intercesión, la liberación y la dirección de adoración a su lista.[1]

Lo que sigue son los pasajes bíblicos clave acerca de los dones, junto con una lista de dones incluidos en la encuesta *Descubra los dones espirituales de su hijo:*

> A cada uno se le da una manifestación especial del Espíritu para el bien de los demás. A unos Dios les da por el Espíritu palabra de *sabiduría*; a otros, por el mismo Espíritu, palabra de *conocimiento*; a otros, *fe* por medio del mismo Espíritu; a otros, y por ese mismo Espíritu, dones para sanar enfermos; a otros, poderes milagrosos; a otros, profecía; a otros, el *discernir espíritus*; a otros, el hablar en diversas lenguas; y a otros, el interpretar lenguas.
>
> —1 CORINTIOS 12:7-10, ÉNFASIS AÑADIDO

> Ahora bien, ustedes son el cuerpo de Cristo, y cada uno es miembro de ese cuerpo. En la iglesia Dios ha puesto, en primer lugar, apóstoles; en segundo lugar, profetas; en tercer lugar, maestros; luego *los que hacen milagros*; después los que tienen dones para *sanar* enfermos, los que ayudan a otros, los que *administran* y los que hablan en diversas *lenguas*.
>
> —1 CORINTIOS 12:27-28, ÉNFASIS AÑADIDO

> Él [Cristo] mismo constituyó a unos, apóstoles; a otros, profetas; a otros, *evangelistas*; y a otros, *pastores* y *maestros*, a fin de capacitar al pueblo de Dios para la *obra de servicio*, para edificar el cuerpo de Cristo.
>
> —EFESIOS 4:11-12, ÉNFASIS AÑADIDO

> Tenemos dones diferentes, según la gracia que se nos ha dado. Si el don de alguien es el de profecía, que lo use en proporción con su fe; si es el de prestar un servicio, que lo preste; si es el de enseñar, que enseñe; si es el de *animar* a otros, que los anime; si es el de socorrer a los necesitados, que dé con generosidad; si es el de *dirigir*, que dirija con esmero; si es el de mostrar *compasión*, que lo haga con alegría.
>
> —Romanos 12:6-8, énfasis añadido

La definición de los dones

Administración: El don espiritual de *administración* es la capacidad de gestionar, planear y orquestar los propósitos de Dios en la Tierra.

Apostolado: El término "apóstol" (del griego *apostolos*) simplemente significa "un enviado". Un apóstol es un mensajero o un embajador. La idea es la de representación: un apóstol es un representante personal de quien(es) lo envió.

Discernimiento: El don espiritual de *discernimiento* le permite al creyente ver rápidamente el núcleo de un asunto y conocer la verdad. Esto podría relacionarse con un error doctrinal, una decisión del ministerio, problemas relacionales y espirituales, entre otros asuntos.

Ánimo: El don espiritual de *ánimo* es la habilidad de fortalecer a otra persona a través de palabras o posiblemente de la presencia física. Quienes animan, traen consuelo y sanidad a los demás. Ellos los estimulan.

Evangelismo: El don espiritual de *evangelismo* es la habilidad de compartir audazmente el mensaje de salvación de manera clara, concisa y efectiva. Los evangelistas no solamente comparten el evangelio, sino también se aseguran de que la gente tome una decisión por Cristo.

Fe: El don espiritual de *fe* es una fuerte creencia en las promesas y los propósitos de Dios. Es la habilidad de creer en las cosas que no se ven. Hebreos describe la fe como no solamente creer en las cosas que no se ven, sino también estar seguro de ellas.

Dar: El don espiritual de *dar* es la capacidad de dar con un corazón agradecido y alegre, desde recursos materiales con el propósito de satisfacer las necesidades de otros o de cumplir algún propósito.

Sanidad: El don espiritual de *sanidad* es la habilidad de ser utilizado como conducto de Dios para llevar sanidad sobrenatural y plenitud a otros.

Ayuda: El don de la *ayuda* se manifiesta en los creyentes que invierten sus talentos en la vida y el ministerio de otros, permitiéndole a quien es servido incrementar sus propias habilidades.

Hospitalidad: El don espiritual de *hospitalidad* equipa a los creyentes para proporcionar brazos abiertos, casas abiertas y una cálida bienvenida con el propósito de animar y equipar.

Intercesión/oración: El don de *intercesión/oración* es la habilidad de orar con detalle y efectividad. Los intercesores se ponen en la brecha. En el libro de Ezequiel, vemos que Dios está buscando a alguien dispuesto a ponerse en la brecha (ver Ezequiel 22:30).

Interpretación de lenguas: La *interpretación de lenguas* es la habilidad de comprender y comunicar en el lenguaje común el significado de una lengua hablada por otro miembro del Cuerpo de Cristo.

Conocimiento: El don espiritual de *conocimiento* es doble. Es la habilidad de comprender profundas verdades bíblicas y también es una revelación espiritual de situaciones particulares.

Liderazgo: El don espiritual de *liderazgo* es la capacidad de dirigir al pueblo de Dios en los planes de Dios. Los líderes tienen la capacidad de dirigir más allá de ellos mismos.

Misericordia: El don espiritual de *misericordia* comienza con un corazón por los quebrantados y los marginados. La misericordia muestra su fruto al actuar para satisfacer las necesidades de los quebrantados y los abatidos.

Milagros: El don espiritual de *milagros* es la habilidad de asociarse con Dios para ver que el poder sobrenatural influya en el orden natural de las cosas.

Misiones: El don espiritual de *misiones* es el deseo y la habilidad que Dios da de ministrar eficazmente en una cultura o subcultura extranjera.

Pastor: El don de *pastor* es la habilidad especial que Dios les da a algunos miembros del Cuerpo de Cristo para asumir una responsabilidad personal de largo plazo de la guerra espiritual de otros. Los pastores alimentan, cuidan y guían a la gente hacia la madurez espiritual progresiva y hacia ser como Cristo.

Profecía: El don espiritual de *profecía* es la habilidad de comprender los propósitos y los planes de Dios futuros para su pueblo.

Servicio: El don espiritual de *servicio* es la habilidad de ver una necesidad y utilizar todos los recursos a mano para cumplir la tarea.

Maestro/enseñanza: El don espiritual de *enseñanza* es la habilidad de trasmitirles conocimiento y conceptos a otros en una manera que puedan comprender y aprovechar fácilmente.

Lenguas: El don de lenguas es la habilidad de hablar un lenguaje espiritual dado por Dios, para edificar a la Iglesia o de ser comprendido por los no creyentes con el propósito de su salvación.

Sabiduría: El don espiritual de *sabiduría* le permite al creyente tomar decisiones precisas y oportunas. La sabiduría incorpora la perspicacia de lo que es verdadero y correcto con una comprensión de cómo poner en acción ese conocimiento.

APOYO BÍBLICO PARA LOS DONES UTILIZADOS EN DESCUBRA LOS DONES ESPIRITUALES DE SU HIJO

1. **Administración:** Éxodo 18:13-27; Hechos 6:2-4; 1 Corintios 12:28.
2. **Apostolado:** Hechos 14:21-23; 1 Corintios 12:28-29; Efesios 1:1; 4:11.
3. **Discernimiento:** 1 Reyes 3:9; Hechos 5:3-6; Romanos 12:2; 1 Corintios 2:12; Hebreos 5:14; 1 Juan 4:1.
4. **Ánimo:** Hechos 4:36; 11:23-24; Romanos 12:8; 1 Tesalonicenses 4:18.
5. **Evangelismo:** Hechos 21:8; Efesios 4:11-12; 2 Timoteo 4:5.
6. **Fe:** Lucas 17:5; Romanos 10:17; 1 Corintios 12:9; Filipenses 3:9; Hebreos 11:1, 6.
7. **Dar:** Marcos 12:43-44; Romanos 12:6, 8; 2 Corintios 8:2-3; 9:7.
8. **Sanidad:** Mateo 10:1; Lucas 4:40; Hechos 3:6-9; 1 Corintios 12:9, 30.
9. **Ayuda*:** Hechos 6:2-4; 1 Corintios 12:28; 1 Timoteo 5:10.
10. **Hospitalidad:** Romanos 12:13; 1 Timoteo 3:2; 5:10; Tito 1:8; 1 Pedro 4:9-10.
11. **Intercesión/oración*:** Lucas 18:1; Juan 16:24; Efesios 6:18; 1 Tesalonicenses 3:10-13; 5:17; 1 Timoteo 2:1-2; 5:5.
12. **Interpretación de lenguas:** 1 Corintios 12:10-11, 30; 14:5.
13. **Conocimiento:** Juan 7:16-17; 17:3; 1 Corintios 12:8; Efesios 3:18-19.
14. **Liderazgo:** Romanos 12:8; Hebreos 13:7.
15. **Misericordia:** Mateo 5:7; Lucas 6:36; Romanos 12:8; Tito 3:5.
16. **Milagros:** Juan 20:30-31; Hechos 2:22; 19:11; 1 Corintios 12:10.
17. **Misiones*:** Mateo 28:18-20; Marcos 13:10; 16:15; Hechos 1:8; 22:21; 1 Corintios 9:19-23.

18. **Pastor:** Jeremías 23:4; Juan 10:11; Efesios 4:11-12; 1 Timoteo 3:2; Hebreos 13:17; 1 Pedro 5:1-4.
19. **Profecía:** Joel 2:28; Romanos 12:6; 1 Corintios 12:10, 29; 14:1-3, 30-33; Efesios 4:11-12.
20. **Servicio:** Deuteronomio 10:12; Romanos 12:7; Gálatas 6:2; Efesios 3:7; 4:12; 6:7.
21. **Maestro/enseñanza:** Efesios 4:11-12; 1 Corintios 12:29; Romanos 12:7; Hechos 11:25-26; 13:1; 15:35; Juan 7:16.
22. **Lenguas:** Hechos 2:1-13; 10:44-46; 1 Corintios 12:10-11, 28-31; 14:1-5; 13-22.
23. **Sabiduría:** Proverbios 3:13; Romanos 11:33; 1 Corintios 12:8; 2 Timoteo 3:15; Santiago 3:13-18.

*Dones incluidos en la encuesta de dones espirituales de *Descubra los dones espirituales de su hijo*, pero no mencionados en los tres pasajes clave de 1 Corintios 12, Efesios 4 y Romanos 12.

Nota: Los dones de apostolado, de lenguas y de interpretación de lenguas, no están incluidos en la prueba de evaluación correspondiente. El don de apostolado es un don expresado en el liderazgo adulto de la iglesia. Los dones de lenguas y de interpretación de lenguas, si están presentes, son discernidos fácilmente.

4

Los dones por categorías

Entre los adultos nacidos de nuevo, el porcentaje que dice que ha escuchado acerca de los dones espirituales, pero que no cree que Dios les haya dado uno, pasó de 4% en 1995, a 21% en el 2000.[1]

—Grupo Barna

He dividido los dones en cinco categorías.[2] Estoy seguro de que usted puede encontrar otras personas que tienen una perspectiva y un sistema de categorización distintos, pero esto puede ayudarle a comenzar. Por favor, no solamente tome lo que yo u otra persona diga. Lleve a cabo un estudio personal de los dones a partir de los pasajes bíblicos mencionados y lleve a sus hijos en la marcha. No se equivocará al embarcarse en un estudio personal de la Palabra de Dios usted mismo.

Categoría 1 de los dones espirituales: Pastoreo: Administración, apostolado, maestro/enseñanza, liderazgo, pastor.

Categoría 2 de los dones espirituales: Servicio: Dar, ayuda, servicio, hospitalidad.

Categoría 3 de los dones espirituales: Compasión: Ánimo, sanidad, misericordia.

Categoría 4 de los dones espirituales: Comprensión: Discernimiento, lenguas e interpretación de lenguas, conocimiento, intercesión/oración, sabiduría, profecía.

Categoría 5 de los dones espirituales: Salvación: Evangelismo, fe, milagros, lenguas (un don que aparece en dos categorías), misiones.

Categoría 1: Pastoreo

Administración, apostolado, maestro/ enseñanza, liderazgo, pastor

Los dones de pastoreo son aquellos que se prestan para cuidar y dirigir al pueblo de Dios. La categoría de pastoreo contiene dones que se basan en el liderazgo por naturaleza. Dicho lo cual, nosotros como cristianos occidentales necesitamos cuidar de no añadir nuestros estándares culturales de liderazgo a este grupo de dones o a nuestros hijos.

Como padres occidentales, cuando consideramos los dones de pastoreo, podemos imaginar fácilmente una figura audaz y carismática en la plataforma y perder el punto de que algunos líderes/pastores dirigen solamente a una o dos personas a la vez. Otros dirigen desde un escritorio, administrando eventos y haciendo que se abran las puertas del Reino para que otros entren por ellas.

Aunque liderazgo pueda representar algo más que dirigir a las masas, es más preciso en el caso de los dones espirituales ver los dones de pastoreo como dirigir y cuidar al pueblo de Dios de acuerdo con la voluntad de Dios. Tener esto en mente le ayudará a no descartar un verdadero don de liderazgo en su hijo.

> Si su hijo posee uno o más dones de liderazgo, usted verá que él tiene la habilidad de cambiar el curso que siguen los demás.

Si su hijo posee uno o más dones de liderazgo, usted verá que él tiene la habilidad de cambiar el curso que siguen los demás. Existen todo tipo de pastores y muchas maneras diferentes de pastorear. Como padre, lo que usted está tratando de discernir en su hijo es si este tiene la habilidad de dirigir más allá de sí mismo. En otras palabras, ¿alguien sigue la dirección de su hijo?

Categoría 2: Servicio

Dar, ayudar, servir, hospitalidad

Los niños con dones de servicio destacan en derramar su vida por otros. Como sucede con los demás dones, cada uno recibe de manera que el mundo tenga una muestra precisa de Cristo a través de la vida de sus seguidores. Al vivir nuestros dones, estamos mostrándole al mundo a Cristo.

Los niños que poseen dones de servicio serán niños que vivan el pasaje *kenosis* de Filipenses 2. *Kenosis* es una palabra griega que significa "vaciarse a sí mismo" y fue utilizado por Pablo para ilustrar la vida que llevó Jesús:

> Por tanto, si sienten algún estímulo en su unión con Cristo, algún consuelo en su amor, algún compañerismo en el Espíritu, algún afecto entrañable, llénenme de alegría teniendo un mismo parecer, un mismo amor, unidos en alma y pensamiento. No hagan nada por egoísmo o vanidad; más bien, con humildad consideren a los demás como superiores a ustedes mismos. Cada uno debe velar no sólo por sus propios intereses sino también por los intereses de los demás. La actitud de ustedes debe ser como la de Cristo Jesús, quien, siendo por naturaleza Dios, no consideró el ser igual a Dios como algo a qué aferrarse. Por el contrario, se rebajó voluntariamente, tomando la naturaleza de siervo y haciéndose semejante a los seres humanos. Y al manifestarse como hombre, se humilló a sí mismo y se hizo obediente hasta la muerte, ¡y muerte de cruz! Por eso Dios lo exaltó hasta lo sumo y le otorgó el nombre que está sobre todo nombre, para que ante el nombre de Jesús se doble toda rodilla en el cielo y en la tierra y debajo de la tierra, y toda lengua confiese que Jesucristo es el Señor, para gloria de Dios Padre.
>
> —FILIPENSES 2:1-11

A diferencia de los milagros y las lenguas, servir es algo a lo que todos estamos llamados. Cuando lleguemos al cielo, no podremos decirle a Jesús: "Servir simplemente no era mi don". Todo creyente debe orar para ser un mejor siervo. La única diferencia con los niños que poseen un don espiritual de servicio es que estos actos de servicio se les darán más fácilmente y posiblemente tengan mayor efectividad.

Los niños que poseen dones de servicio tienden a ser menos territoriales que otros niños. Las líneas divisorias entre lo que ellos reclaman como suyo, ya sea tiempo o dinero, no son muy importantes para ellos. Estos niños pueden perderse un tiempo de juego para ir con mamá o papá a la tienda y ayudarles a comprar. A menudo se destacan en compartir y poner las necesidades de los demás por delante de las suyas. Aunque yo no sea alguien con un don sobrenatural de servicio, tiendo a darme cuenta de que la gente que lo tiene, son los creyentes más atractivos. No estoy diciendo que Dios los vea de esa manera, pero yo sí.

Categoría 3: Compasión
Ánimo, sanidad, misericordia

Si alguna vez ha pasado por una situación desesperante y se ha encontrado con una persona compasiva, probablemente nunca olvidó a esa persona. La madre Teresa es probablemente la imagen de compasión del siglo veinte.

Las personas compasivas tienen una manera de ir directo al corazón de una persona y de hacerles sentir una sensación de pertenencia. Yo siempre he visto a la gente compasiva como personas que tienen una manera de hacerme sentir tranquilo.

Quienes tienen dones de compasión están dotados de un poder para cambiar a una persona de verdad. La compasión puede quebrantar situaciones y emociones difíciles, trayendo esperanza. En esencia, ellos son un don de fortaleza, ya que fortalecen el interior de una persona. Esto a menudo se traduce igualmente en las necesidades físicas, debido a que la gente compasiva es a menudo gente de acción. Los niños que poseen el don de compasión son a menudo niños sensibles que sienten el dolor de los demás. Ellos tienden a atender y buscar aliviar el sufrimiento cuando es posible.

Una nota acerca de la compasión para sanidad: Usted puede estar preguntándose por qué la sanidad se menciona en este grupo de dones. Se debe a que la sanidad a menudo es el fruto de la compasión. Vemos esto en la vida de Cristo. En más de un evangelio vemos a Jesús sanando a las personas después que fue compasivo con ellas. En estos ejemplos, parece como si la compasión abriera la puerta para que el poder sanador de Dios se manifieste.

> Cuando Jesús desembarcó y vio a tanta gente, *tuvo compasión* de ellos y sanó a los que estaban enfermos.
>
> —Mateo 14:14, énfasis añadido

> Jesús se compadeció de ellos y les tocó los ojos. Al instante *recobraron la vista* y lo siguieron.
>
> —MATEO 20:34, ÉNFASIS AÑADIDO

Los niños compasivos a menudo son gentiles, pero no siempre. La característica más reveladora de una persona de compasión es que después de que su corazón es conmovido por la necesidad de otra persona, reacciona para satisfacer la necesidad en una manera que trae fortaleza, esperanza y ánimo.

Si usted estudia la compasión bíblica verá que muy a menudo termina con una necesidad satisfecha. Ezequiel 16:5 muestra este principio a la inversa. Aquí, debido a que nadie tuvo compasión, nada se logró:

> Nadie se apiadó de ti ni te mostró compasión brindándote estos cuidados. Al contrario, el día en que naciste te arrojaron al campo como un objeto despreciable.

Aunque todavía no estoy seguro de que Lucy tenga el don de compasión, tuve un vislumbre de su posible existencia hace poco. Un día, nos dirigíamos hacia el centro de la ciudad a Extraordinary Desserts, para comernos unos postres. Si usted va de vacaciones a San Diego, no deje de ir a esta repostería. (Es mucho mejor que el zoológico o que Sea World).

Lucy, mientras nos encontrábamos en el centro de la ciudad, se encontró con unas personas sin hogar por primera vez. Ella no podía comprender por qué esas personas no tenían hogar. Después de ver a muchas de estas personas viviendo bajo lonas, Lucy preguntó si podíamos ir al banco y sacar dinero para comprarles casas. Su corazón había sido conmovido por la necesidad de ellos.

Lo que me llevó a creer que Lucy tenía el don de compasión fue lo que sucedió al día siguiente. Ella vació su alcancía, me dio el contenido y me dijo que les comprara casas a esas personas. Este es el corazón de la compasión. Es empatía más acción.

¿NO ES LINDO?

Si usted acaba de leer esa historia y pensó: *Qué lindo*; deseo que reconsidere esa reacción. Muy a menudo, cuando vemos que nuestros hijos tienen experiencias reales acerca de traer el Reino a la tierra o de caminar en sus dones, nos vemos tentados a relegarlo a la categoría: "¡Ay, qué lindo!".

Algunas veces, cuando hacemos esto, nos perdemos de un momento para verdaderamente edificar a nuestros hijos en su caminar con Cristo. De hecho, en realidad los degrada a ellos y a su fe. Momentos como este y aquellos que usted experimentará al despertar los dones de su hijo, son momentos santos, no solamente historias lindas para contarles a sus amigos del pequeño grupo con el que se reúne en la semana.

Cuando Lucy realizó este acto increíblemente desinteresado y compasivo, yo hice una pausa y me detuve para edificar y animar a mi hija de tres años. Me dispuse a aprobarlo diciéndole que lo que acababa de hacer era algo que Jesús habría hecho. Le dije que era algo verdaderamente compasivo. Le dije que era posible que tuviera los dones espirituales de misericordia y de dar.

Al tomar en serio la fe y el caminar espiritual de nuestros hijos y nuestras hijas, momentos como este en los que Dios toca el corazón de su hijo, pueden pasar de ser un evento momentáneo a convertirse en otro pilar que afirme lo que Cristo ha hecho en su hijo. Usted puede hacer esto cada vez que vea a su hijo caminar de acuerdo con el Espíritu: solidificarlo en su fe y generar sostenibilidad.

Al ser un padre que afirma regularmente las obras de Cristo en sus hijos, los ayudará a construir un sentido de pertenencia al Reino, y les permitirá saber quienes son.

Categoría 4: Comprensión

Discernimiento, interpretación de lenguas, conocimiento, intercesión/oración, sabiduría, profecía, lenguas (incluidas también en los dones de salvación)

Si usted no forma parte del cincuenta por ciento de creyentes protestantes que han adoptado los dones más carismáticos de comprensión,[3] este conjunto de dones puede parecerle inalcanzable. De cualquier manera lo animo a leerlo, para que vea lo que el otro grupo cree.

Los dones de comprensión se tratan acerca de perspectiva. Se tratan acerca de la perspectiva de Dios hablada a una humanidad quebrantada. Cuando un niño muestra un don de comprensión o de revelación espiritual, transmite una perspectiva celestial con respecto a una situación dada. Los dones de comprensión existen con el propósito de comunicación. Dios utiliza estos dones para comunicarse con su pueblo. Estos dones a menudo explican cómo es que Dios desea implementar una verdad de la Escritura en situaciones reales de la vida. Por ejemplo, la Biblia nos dice que amemos, pero una palabra de conocimiento podrá decirnos a quién desea Dios que amemos y la manera a través de la cual llevarlo a cabo.

Entonces, ¿cómo nos habla Dios? Todos los cristianos creen que Dios le habla a su pueblo. La manera en que Él habla, es lo que está sujeto a conjeturas. Dios habla en muchas maneras; Él es, después de todo, infinito y no está limitado en ninguna forma. La clave para utilizar correctamente los dones de comprensión es asegurándose de que todo lo discernido resista ante la Palabra. De esta manera, la Biblia mantiene el lugar que le corresponde como fuente central de la revelación. Si se da una palabra de profecía o de lenguas, esta necesita concordar con toda la enseñanza de la Palabra final de Dios. Lo mismo sucede con las canciones de adoración o con el consejo de un buen amigo. Dios utiliza ambos para comunicarse con nosotros, pero cada uno debe pasar la prueba de la Escritura con el fin de ser aceptado.

Muchas personas han limitado esta categoría de dones. Este punto de vista llamado "cesacionismo", sostiene que dones como las lenguas y los milagros estaban destinados para los inicios de la iglesia, como lo describe el libro de los Hechos; pero que su razón ya se terminó y Dios ha eliminado estos dones de la superficie espiritual de la Iglesia. No estoy escribiendo para probar o argumentar acerca de estos puntos. Más bien, simplemente deseo explicar cómo identificar e involucrar a su hijo en sus dones personales de acuerdo con su sistema de creencias. Una vez más, si su postura personal o denominacional discrepa con este punto, simplemente avance. La clave es que su hijo entre en el ministerio que usted ve que corresponde con sus dones.

Dicho lo cual, un niño que muestra dones de comprensión dirá cosas que van más allá de su edad. Este niño tendrá revelaciones que hablan de la verdad de Dios. Puede ser con respecto a cierta situación por la que su familia esté pasando o una perspectiva bíblica que revele una verdad profunda. Algunos niños pueden tener sueños o visiones, o estar conscientes de un ataque espiritual.

Regularmente, escucho a padres que me cuentan historias de estos tipos de revelaciones y comprensión espirituales. A menudo, estos padres se desconciertan por lo que sus hijos les dijeron. Al parecer piensan que Dios fue parte de esa revelación, pero simplemente no saben qué hacer al respecto. Más adelante lo ayudaré con esta situación. Mi objetivo es darle herramientas para construir una plataforma para que su hijo crezca en estos y en otros dones, siempre vigilando el propósito central de los dones, el cual es demostrarles a otros el amor de Dios:

> Si tengo el don de profecía y entiendo todos los misterios y poseo todo conocimiento, y si tengo una fe que logra trasladar montañas, pero me falta el amor, no soy nada.
>
> —1 Corintios 13:2

Categoría 5: Salvación

Evangelismo, fe, milagros, lenguas, misiones

Los dones de salvación son aquellos dones que llevan a las personas a Cristo. Es verdad que todos los dones pueden potencialmente llevar a la gente al conocimiento de Jesús, pero estos dones están específicamente diseñados para cambiar la posición eterna de una persona. La gente con dones de salvación son ganadores de almas. Ellos tienen una carga por los perdidos y son atrevidos al compartir esos dones.

He conocido a muchos niños que evangelizan en el patio de recreo. Estos son niños que desean hablar acerca de Jesús tanto que algunas veces incomodan a sus padres (¿esto describe a su hijo?). Estos niños son rápidos para invitar a sus amigos a la iglesia. A menudo llegan a casa y comparten acerca de las conversaciones que tuvieron con los amigos que no son salvos. Están hambrientos por el evangelio.

De manera extraña, he visto a más niños pequeños que adolescentes caminar en los dones de evangelismo (fui pastor de adolescentes durante más de una década). Creo que una de las razones por las que esto sucede, se debe a que muchos padres no saben cómo avivar este don cuando se presenta en niños más pequeños. El peligro que he encontrado es que nuestros dones tienen una tendencia a florecer o marchitarse de acuerdo con la manera en que los administramos.

Yo sostendría que si un niño tiene un don en cualquier área, ese don debe crecer exponencialmente mientras el niño se desarrolla.

Los niños, como los adultos, deben madurar en su fe. Esto sucede cuando están siendo alimentados en sus dones y en su caminar con Cristo. Simplemente llenar a nuestros hijos del conocimiento de Jesús y de las Escrituras, no lo cumple. ¡Incluso los demonios tienen esta habilidad! En cambio, necesitamos asegurarnos que nuestros hijos e hijas se estén ensuciando las manos espirituales al expresar sus dones en un mundo quebrantado y herido.

> ¿Tú crees que hay un solo Dios? ¡Magnífico! También los demonios lo creen, y tiemblan.
>
> —Santiago 2:19

Cómo desarrollar los dones de evangelismo

¿Cuántos niños conoce que pueden llevar a un amigo a Jesús utilizando una comprensión de las Escrituras? ¿Es mucho esperar que nuestros hijos puedan conocer un puñado de versículos que utilizar para compartir con más precisión el evangelio con sus amigos? Esperamos por lo menos esta competencia en muchas otras áreas académicas de la vida. ¿No debemos también equiparlos en un conocimiento de la Escritura que vaya más allá de la capacidad de citar Juan 3:16?

Yo soy de los que piensan que si mi hija de ocho años debe aprenderse tablas de multiplicar y memorizar unas mil palabras para las pruebas de ortografía de este año, ella también puede aprender de memoria versículos bíblicos que tengan que ver con la salvación. El problema que he enfrentado es que a menudo estoy más comprometido con la prueba semanal de ortografía de Lily de lo que estoy con su conocimiento acerca de la Palabra de Dios.

No es de sorprenderse que muchos niños tengan tan débil comprensión de las Escrituras. He encontrado que la mayoría de los creyentes adultos no pueden guiar a otro sistemáticamente a través de seis u ocho versículos que presenten con precisión el evangelio. Aunque es una afirmación cruda, yo diría que si usted no puede hacer una presentación simple del evangelio versículo por versículo, está peligrosamente cerca de ser un analfabeta bíblico. ¿No es el evangelio la esencia de nuestra fe? ¿Es mucho pedir que los cristianos puedan presentar el evangelio de acuerdo con la Palabra de Dios?

> Aunque es una afirmación cruda, yo diría que si usted no puede hacer una presentación simple del evangelio versículo por versículo, está peligrosamente cerca de ser un analfabeta bíblico.

¿Qué hay acerca de usted como padre? ¿Puede pensar en seis u ocho versículos ahora mismo que utilizaría para relatarle con claridad el núcleo del evangelio a un amigo o a un colega? Si no, ahora tiene frente a usted una gran oportunidad de discipulado. No tendrá que investigar mucho en la Internet para encontrar lo que necesita para comenzar a ganar almas para Cristo con sus hijos.

Lo siguiente

En el siguiente capítulo comenzaremos a analizar cada uno de los dones espirituales. Antes de llegar a ello, deseo que piense acerca de su hijo con respecto a las categorías mayores de los dones.

Aléjese de todas las distracciones e interrupciones durante una media hora y comience a pensar acerca de su hijo, teniendo en cuenta cinco aptitudes espirituales de las que acaba de leer: pastoreo, servicio, compasión, comprensión y salvación.

Utilice su diario o su iPad, para anotar todo lo que venga a su mente mientras lee este capítulo. Posiblemente recuerde algo que sucedió esta semana que resuene con lo que está leyendo. Posiblemente lo que surja en su alma sea algo que Dios le dé como revelación del don espiritual de su hijo.

Es posible que alguien más le haya dado una palabra de revelación o un versículo acerca de su hijo que pareció encajar con su alma. Escríbalo. No hay nada de malo en escribir revelaciones por las que debe orar y que deben ser probadas en el futuro.

En este punto, el objetivo no es que usted identifique una descripción exacta de los dones espirituales de su hijo, sino que comience a buscar al Señor para obtener la revelación y la verdad relacionadas con este tema.

Más tarde, cuando vea los ejemplos bíblicos de la vida de Ana, de Isaac, de Rebeca y de María, la madre de Cristo, veremos que Dios a menudo les da discernimiento a los padres, mucho antes de que ellos conozcan a sus hijos. Esta es solamente una de las maneras en que Dios nos equipa para criar a nuestros hijos de manera que sean hombres y mujeres de Dios. Él nos dirige como padres en la manera que nuestros hijos deben ir, para que podamos guiarlos en ese camino:

> Instruye al niño en el camino correcto, y aun en su vejez no lo abandonará.
>
> —PROVERBIOS 22:6

Aunque no es una nueva enseñanza, muchos creen que este versículo no solamente se refiere a entrenar a un niño en los caminos, las leyes y la gracia de nuestro Dios, sino también entrenarlos en sus llamados personales. Yo confirmaría esta idea.

UNA ORACIÓN PARA RECIBIR COMPRENSIÓN

Querido Dios: Oro que comiences a guiarme al buscarte por mi hijo. ¿Qué deseas que yo sepa acerca de [inserte el nombre]? ¿Qué dones le has dado a [nombre] por tu gracia? ¿Comenzarías a mostrarme su posición única en el Reino, de manera que yo pueda guiarlo en este propósito? Finalmente, ¿me equiparías con sabiduría, conocimiento, discernimiento y comprensión, para que pueda saber lo que tú estás haciendo en su vida? ¡Por favor, háblame en este tiempo!

Yo he utilizado el Salmo 139 durante años para orar por la gente. En el texto más abajo, he creado una oración que usted puede utilizar para orar pidiendo revelación sobre la vida de su hijo. He cambiado muchos de los pronombres de primera persona por pronombres de segunda persona, para reflejar su deseo de escuchar a Dios por su hijo. Para facilitar la lectura, he utilizado solamente un pronombre de género neutro (ver las palabras en negritas); utilice el género correspondiente a su hijo. Algunos pronombres se han dejado intactos para reflejarlo a usted como el intercesor. Los versículos 19 al 22 han sido eliminados de la oración, pero si usted siente que debe atar la maldad, ¡siéntase libre de agregarlos!

Señor, tú **lo** examinas,
tú **lo** conoces.
Sabes cuándo **se** sienta y cuándo **se** levanta;
aun a la distancia **le** lees el pensamiento.
Sus trajines y descansos los conoces;
todos **sus** caminos te son familiares.
No **le** llega aún la palabra a la lengua
cuando tú, Señor, ya la sabes toda.
Tu protección **lo** envuelve por completo;
lo cubres con la palma de tu mano.
Conocimiento tan maravilloso rebasa **su** comprensión;
tan sublime es que no puede entenderlo.
¿A dónde podría alejarse de tu Espíritu?
¿A dónde podría huir de tu presencia?
Si subiera al cielo,
allí estás tú;
si tendiera su lecho en el fondo del abismo,
también estás allí.
Si **se** elevara sobre las alas del alba,
o **se** estableciera en los extremos del mar,
aun allí tu mano **lo** guiaría,
¡**lo** sostendría tu mano derecha!
Y si dijera: «Que me oculten las tinieblas;
que la luz se haga noche en torno mío»,
ni las tinieblas serían oscuras para ti,
y aun la noche sería clara como el día.
¡Lo mismo son para ti las tinieblas que la luz!
Tú creaste **sus** entrañas;
lo formaste en el vientre de **su** madre.
¡Te alabo porque **es** una creación admirable!
¡Tus obras son maravillosas,
y esto lo sé muy bien!
Sus huesos no te fueron desconocidos
cuando en lo más recóndito era **él** formado,
cuando en lo más profundo de la tierra
era **él** entretejido.
Tus ojos vieron **su** cuerpo en gestación:

todo estaba ya escrito en tu libro;
todos **sus** días se estaban diseñando,
aunque no existía uno solo de ellos.
¡Cuán preciosos, oh Dios, me son tus pensamientos!
¡Cuán inmensa es la suma de ellos!
Si me propusiera contarlos,
sumarían más que los granos de arena.
Y si terminara de hacerlo,
aún estaría a tu lado [...]
Examíname, oh Dios, y sondea mi corazón;
ponme a prueba y sondea mis pensamientos [acerca del futuro de mi hijo].
Fíjate si voy por mal camino,
y guíame por el camino eterno.

Esta es una grandiosa oración para sus hijos a la hora de dormir. Es una gran confirmación. Impóngale las manos a su hijo y añada su nombre en el texto. ¡Qué Dios incremente su revelación acerca de los dones espirituales de su hijo para el avance del Reino de Dios!

N

PARTE DOS

Cómo reconocer los dones espirituales en los niños

Fue así como comencé esta gran parte de mi vida con Dios: Un día, mientras estaba jugando con mi amiga, Halle, dije algo que le molestó mucho. Probablemente no debí haberlo dicho. Tuvimos una gran discusión que duró mucho tiempo. Entonces, un día, ella se acercó a mí y me dijo que no creía en Dios. Lo dijo porque sabía que yo amaba a Dios más que a nada. Aunque la discusión no se trató acerca de Dios, ella solamente quería molestarme.

Día tras día, ella continuó diciéndolo, hasta que creyó lo que dijo. Así que durante algunas semanas le enseñé acerca de Dios. Le dije que Dios tenía poder sobre todas las cosas, incluso sobre el diablo. Les hablé a mi mamá y a mi papá al respecto. Utilicé la Biblia y le dije a Halle que Dios amaba y cuidaba a todos, incluso a quienes no saben quién es Dios. Cuando le dije todo acerca de Dios y del cielo, ¡ella finalmente creyó en Dios otra vez! ¡Así fue como comencé esta gran parte de mi vida con Dios!

Jaden, 9 años
Evangelista del patio de recreo

5

Pastores y rebaños

Los dones de pastoreo

Pero yo no me he apresurado a abandonarte y dejar de ser tu pastor.

—Jeremías 17:16, énfasis añadido

Categoría 1 de los dones espirituales: Pastoreo
Administración, apostolado, maestro/ enseñanza, liderazgo, pastor

Además de Jesús, podría decirse que David fue el niño más dotado que vemos en las páginas de la Escritura. De hecho, vemos más en las Escrituras acerca de la infancia de David que de la de Jesús. Cuando vemos a David de niño, vemos una mezcla única y poderosa de dones. David era pastor, líder, profeta, maestro, hombre de sabiduría, discernía espíritus...y la lista continúa. Todos estos dones fueron comprendidos por David y empleados cuando era niño. David nunca habría sido el rey que fue de adulto, si este no hubiera sido el caso.

Aunque es verdad que David nació para ser rey, debemos recordar que Dios usó el tiempo en que David fue pastor, como un campo de entrenamiento para ese llamado. Aunque David era increíblemente dotado en muchas maneras, él siempre fue un pastor de corazón.

Escuché recientemente a un pastor dar un mensaje acerca de la diferencia entre los pastores y los rancheros, a la luz del liderazgo de la Iglesia. Él dijo que los pastores son vistos como personas que dan un cuidado de calidad a sus congregaciones. Pero el inconveniente de ser pastor es su incapacidad de dirigir congregaciones que sobrepasan cierto número de personas.

Los rancheros, por otro lado, se muestran como líderes que tienen la capacidad de dirigir a grupos más grandes. Los rancheros delegan el cuidado individual de la gente a obreros, para poder enfocarse en la tarea de la visión mayor a mano.

> David era pastor, líder, profeta, maestro, hombre de sabiduría, discernía espíritus... y la lista continúa. Todos estos dones fueron comprendidos por David y empleados cuando era niño. David nunca habría sido el rey que fue de adulto, si este no hubiera sido el caso.

No estoy seguro de que el rey David encajara solamente en una de estas dos categorías. David tenía la habilidad de gobernar a la nación de Dios, pero ¿quién diría que no era verdaderamente un pastor de corazón?

Al desglosar los dones de pastoreo, observe que cada uno de estos dones pierde su poder cuando no se emplea con el propósito de cuidar a las personas individualmente. Al descubrir el don potencial de pastoreo de su hijo y dirigirlo en este, asegúrese de enfatizar este punto. Amar al pueblo de Dios siempre es el punto de cualquier don de pastoreo. Cuando perdemos esa perspectiva, podemos hacer fácilmente que nuestro ministerio se trate de nosotros mismos. Entonces el reino que estamos construyendo no es el de Dios, sino el nuestro.

(Nota: Su hijo puede tener un fuerte don pastoral y no estar llamado al ministerio pastoral de tiempo completo. Esto puede suceder igualmente con otros dones, como el don misionero. Los misioneros no tienen que estar llamados a ir a África para expresar su llamado. Algunos misioneros están llamados a las subculturas dentro de su propia cultura y ubicación geográfica).

Administración

La *administración* es la capacidad de dirigir, planear y orquestar los propósitos de Dios en la Tierra.

Los administradores son las personas que pueden tomar la visión del líder o el impulso personal de Dios, y hacer que se lleve a cabo, a través de la organización. Si un líder no está presente, a menudo los administradores están dispuestos a suplir ese papel, pero no se sienten muy cómodos al respecto. Los administradores son creadores de sistemas. Los niños que poseen el don espiritual de administración muestran atención a los detalles y se gozan en ayudar a otros a llevar a cabo sus planes.

El don de administración es uno de los dones más fáciles de descubrir en su hijo. Tal como los niños que tienen talentos en los deportes, los niños con dones de administración son muy difíciles de confundir.

Imagínese que pone a jugar fútbol o balón prisionero a 20 niños. En menos de cinco minutos, reconocerá a los niños atléticamente dotados.

Lo mismo sucede con la mayoría de los dones, pero especialmente con el don de administración. Es por esto que la mejor manera de probar los dones es en el campo de juego de ese posible don. Normalmente es muy fácil ver qué niños se destacan en cada uno de los dones.

En los niños muy pequeños, usted podría observar cómo organizan sus juguetes. ¿A su hijo le gustan los sistemas organizados o deja que todo vuele con el viento? En los niños mayores, la manera en la que organizan su trabajo escolar podría apuntar fácilmente a su capacidad de organizar y administrar.

Una manera grandiosa de probar este don es pedirle a su hijo que planee algo. Pídale que ordene sus juguetes o que lleve a cabo algún otro proyecto en el hogar de acuerdo con un sistema de su elección. Vea si su hijo se sumerge en la tarea y crea un sistema organizado. Si usted tiene un hijo mayor, permítale ayudarle a administrar un próximo cumpleaños o una fiesta. Ejercicios simples y desafíos como este pueden ayudarlo a identificar si su hijo tiene la habilidad de dirigir y administrar para el Reino de Dios.

Es posible que su hijo posea el don de administración si observa los siguientes patrones:

- Le gustan los detalles. Cuando usted comparte detalles, él tiende a enfocarse en ellos.
- Tiende a mantener sus cosas organizadas. Los niños pequeños podrían mantener sus juguetes organizados de acuerdo con diferentes patrones. Tengo un amigo cuyo

hijo pone todos los ponis en un rincón, los leones en otro, etcétera. Observe la manera en que sus hijos organizan sus cosas.
- Ofrece una solución para hacer algo con mayor efectividad y eficiencia.
- Hace listas.
- Tiende a ser responsable con las cosas que se le han delegado, tales como tareas domésticas.
- A menudo desea trabajar bajo instrucción, en lugar de dirigir directamente. Normalmente pide más detalles, esperando comprender mejor la tarea.
- Tiene la habilidad de un visionario para ver el resultado final de un proyecto ante posibles dificultades.
- Tiene la habilidad de ser decisivo.

Apóstol

El término "apóstol" (del griego *apostolos*) simplemente significa "el enviado". Un apóstol es un mensajero, un embajador. La idea es la de representación: un apóstol es el representante de quien lo envía.

Hay mucho qué debatir con respecto a este don en particular. La razón de este debate se centra en la autoridad que se deriva por ser considerado un apóstol. El trillado argumento de solamente aceptar la idea antigua de apostolado consiste en pensar que el término "apóstol" se refiere solamente a aquellos que pasaron tiempo con Jesús personalmente. Esto es lo que vemos apoyado por las siguientes porciones seleccionadas de un artículo de biblicalstudies.com:

> Tal como el don de pastor-maestro, uno era nombrado apóstol no solamente por llamado o por don, sino también por cumplir con ciertos requisitos. Como ya hemos establecido en el capítulo anterior, un apóstol tenía que ser quien pudiera testificar personalmente al Cristo resucitado. Este fue el argumento de Pablo en 1 Corintios 9:1, el cual estableció su propio apostolado: "¿No he visto a Jesús nuestro Señor?". Este fue también uno de los requisitos estipulados por los once para el reemplazo de Judas (Hechos 1:21-22). Dentro de lo que acreditaba a los apóstoles de Cristo estaba la habilidad de hacer milagros. Jesús

> mismo les dio este poder a los doce cuando los comisionó (Mateo 10:1). Una vez más, al defender su apostolado ante los corintios, Pablo lo mencionó como algo que lo identificaba como un verdadero apóstol: "Las marcas distintivas de un apóstol, tales como señales, prodigios y milagros, se dieron constantemente entre ustedes" (2 Corintios 12:12). Los apóstoles eran hacedores de milagros que podían dar testimonio del Señor resucitado.[1]

Otros, como C. Peter Wagner, creen que el don del apostolado está completamente presente en este tiempo. La premisa es que Dios continúa enviando a gente al mundo con mensajes y llamados específicos para crear o cumplir una obra especial.

En el libro *Apóstoles de la Ciudad*, de Wagner, él intenta describir lo que podría ser el papel local de estos apóstoles. Él define a los Apóstoles de la Ciudad como aquellos "a quienes el Espíritu Santo da una unción de extraordinaria autoridad en asuntos espirituales sobre otros líderes cristianos de la misma ciudad". Aunque no excluye a los demás, Wagner plantea que el lugar más extenso para identificar a los apóstoles de la ciudad es en las megaiglesias.[2]

Aunque pienso que es posible que Dios haya ungido a algunos creyentes con esta idea moderna del don del apostolado, me preocupa el aspecto de la autoridad que remarcan algunas iglesias.

Necesitamos ser cuidadosos cuando un ser humano es visto como alguien que tiene línea directa con Dios y que no está al alcance del resto de nosotros. Es verdad, Dios envía a algunas personas con ciertos mensajes, en ciertos tiempos, pero creo que si el don del apostolado está disponible en la actualidad, este tendría que estar bajo la autoridad de la comunidad de creyentes. Lo que traiga a la mesa el apóstol tiene que sonar cierto a los oídos de quienes lo rodean. El mensaje debe igualmente contener la Escritura. Sin ese equilibrio de poderes, existe una tendencia de comenzar a seguir a un hombre o a una mujer, en lugar de a Dios.

Debido a que sé que muchos de nuestros hermanos y hermanas carismáticos y pentecostales honran este don, lo he añadido a mi lista de dones.

(Nota: No añadí el apostolado a la prueba de dones espirituales que hice. Es difícil probarlo en los niños y pareció dar resultados positivos falsos en el don de liderazgo. Igualmente afirmaría que este don tiene que ver directamente con los líderes que tengan una posición en la iglesia adulta. De esta manera, no podríamos discernirlo hasta que una persona comience a expresar un llamado directo al ministerio como una vocación).

Es posible que su hijo posea el don de apóstol si observa los siguientes patrones:

- Tiene la habilidad de compartirles a los demás el mensaje de Dios de esperanza y dirección.
- A menudo comparte cosas que siente que Dios ha puesto en su corazón.
- Parece caminar en una autoridad dada por Dios.
- Es claro acerca de los propósitos de Dios para la Iglesia o de su posición en ella.
- Ocupa un lugar de respeto entre sus compañeros creyentes.
- Tiene una mayor visión de la obra de Dios que la mayoría de los niños (escuela, ciudad, país, mundo).

ENSEÑANZA

El don espiritual de la *enseñanza* es la habilidad de trasmitirles a otros conocimiento y conceptos en una manera que puedan captar y comprender fácilmente.

¿En dónde estaríamos sin los maestros? Einstein, hablando de esta habilidad crucial dijo: "Si no puede explicárselo a un niño de seis años, usted mismo no lo entiende".[3] Eso es lo que llevan a cabo los maestros. Los maestros toman cosas complejas y las hacen simplemente comprensibles.

Lily tenía una "amiga grande" cuando estaba en primer grado, llamada Sophia. Sophia era parte de un programa interescolar en el que los niños mayores participaban en las clases de los niños pequeños como tutores.

Lily amaba a Sophia. Y Sophia no solamente le correspondía su amor, sino que también era una fantástica tutora. Cuando me di cuenta más tarde de que Sophia era creyente, pensé en que era probable que tuviera el don de enseñanza.

Lo que pensé fue lo siguiente: si el sistema de escuelas públicas puede ver una aptitud en un niño y crear un programa para que este don incremente, ¿por qué no podemos hacer lo mismo como Iglesia?

Como creyentes, no necesitamos permitir que los estándares del mundo sean mayores que los nuestros.

Lily se convirtió en una amiga grande cuando pasó a tercer grado. Es algo que le encanta. Después de ver su paciencia y su aptitud para enseñarle cosas a su hermana menor, decidí proporcionar una plataforma para probar más a profundidad este don.

> Sométanlo todo a prueba, aférrense a lo bueno.
>
> —1 Tesalonicenses 5:21

Hace aproximadamente un mes, le pregunté a Lily si le gustaría enseñar una lección en la escuela dominical. Ese salón tenía alrededor de 30 niños. Le pregunté a nuestro pastor de niños, Jason, al respecto. A él le emocionó la idea de permitirle a Lily probar sus dones, de manera que lo preparamos.

Este es solamente un ejemplo de cómo puede usted comenzar a probar los dones que ve en sus hijos. Existen muchas maneras de hacerlo, pero la clave es probar algo que sus hijos desean hacer. Sí, existe un equilibrio, pero usted no debe forzar a los niños en el ministerio. Permítame repetirlo. No fuerce a sus hijos en el ministerio. En cambio, ¡desafíelos en su llamado! Normalmente, si existe un don, será algo que su hijo desee hacer naturalmente. Tener entusiasmo por algo puede ser un buen barómetro para medir el don potencial.

Por cierto, Lily lo hizo muy bien. Ella estaba muy nerviosa, pero con un poco de mi ayuda, pudo transmitir el mensaje. Muchos niños le hicieron preguntas, y Lily sintió que el experimento fue un éxito. Pronto organizaré otra oportunidad. Usted puede llevar a cabo este tipo de experimento con cualquier don que vea en sus hijos. Posiblemente eso se convierta en su ministerio.

Un niño con el don de enseñanza puede mostrar el siguiente patrón:

- Tiende a utilizar historias, descripciones visuales o analogías cuando describe cosas.
- Cuando hace una tarea para alguien, el niño a menudo explicará la tarea en lugar de realizarla sin una explicación.
- Desea un entendimiento más profundo.

- Puede apasionarle corregir errores.
- Se comunica con gran claridad verbalmente o a través de la palabra escrita.
- Otros responden y aprenden de lo que ha enseñado.
- Le encanta ver que otros entienden lo que está tratando de comunicar.
- Le emociona la Escritura y sus matices.
- Tiene revelaciones de las Escrituras que otros no ven. Usted quizá se sorprende cuando su hijo descubre algo que usted no veía cuando habla de la Palabra de Dios con él.

LIDERAZGO

El don espiritual de *liderazgo* es la capacidad de dirigir al pueblo de Dios hacia los planes de Dios. Los líderes tienen la capacidad de dirigir más allá de ellos mismos.

El liderazgo es una de las características más valoradas de la cultura occidental. Desde temprana edad, a muchos de nosotros se nos dice que debemos ser líderes y no seguidores. Esta es una afirmación curiosa, ya que es una imposibilidad física. La sociedad y la Iglesia nunca podrían funcionar de esta manera. No todos podemos ser líderes.

Algo que nunca escuchamos que los padres les supliquen a sus hijos es que sean grandes seguidores. "Oye, Johnny, ¡ve y sé el mejor seguidor que puedas!". Pero es lo que algunos padres deben decirles a sus hijos. En cambio, muchos padres les suplican a sus hijos que sean grandes líderes, cuando en realidad, es posible que estén llamados a ser seguidores que cambien al mundo, tal como los valientes de David (ver 2 Samuel 23).

En lugar de decirles a nuestros hijos que sean grandes líderes, debemos inculcarles discernimiento acerca de cómo identificar a los líderes que pueden seguir. No es una vergüenza ser un seguidor. La mayoría de las personas en el mundo son seguidores. La clave es enseñarles a nuestros hijos discernimiento acerca de qué y a quién seguir.

Dicho lo cual, algunos niños poseen el don espiritual para ser líderes. Su hijo puede ser uno de ellos. Seguramente todos experimentaremos un tiempo en la vida en que Dios nos desafíe a dirigir, pero tener el don espiritual de liderazgo es algo completamente distinto.

Los líderes tienen la habilidad de comprender el camino de Dios, sus planes y sus propósitos, y comunicarlos de una manera que provoca que los demás los sigan. Los líderes marcan el rumbo e inspiran a los demás a corregir su curso.

Los líderes vienen en todos tamaños y formas. Jack Dorsey, el fundador y director general de Twitter, no es un líder normal, pero estoy seguro de que tiene más "seguidores" de los que tendrán la mayoría de los líderes.[4] Dorsey es callado, reservado y brillante. Él no es el tipo tradicional de figura carismática que dirige masas. En cambio, Dorsey ha guiado al mundo a través de la tecnología, un mensaje a la vez.

Tuve la oportunidad de escuchar una entrevista de Jack Dorsey en Catalyst West Coast. Catalyst es un congreso para líderes cristianos. Dorsey mencionó que su mayor fuerza como líder fue la capacidad de percibir cuándo la cultura y la tecnología se estaban intersectando. Dorsey pudo crear una plataforma que las masas pudieran utilizar para participar de esa tecnología. Sin importar lo que usted pueda pensar acerca de enviar mensajes de Twitter, no puede discutir con la habilidad de Jack Dorsey de llevar a las personas en una dirección. Twitter está actualmente en camino de alcanzar los 200 millones de usuarios antes de finales del año 2012.[5]

Si usted desea ver si su hijo posee el don de liderazgo, llévelo junto con cinco amigos a Disneyland o a algún parque temático. La noche anterior, deles un mapa del parque y pídales que decidan el programa de actividades del día siguiente. Proporcióneles palomitas y soda, siéntese y observe la diversión. Si su hijo y otros niños del grupo comienzan a tomar las riendas, es posible que tengan el don de liderazgo. Posiblemente también verá emerger a un administrador en el proceso. Ese niño será quien esté inspirado por el plan del líder y organice la visión completa en sistemas factibles. Si el líder y el administrador comienzan a pelear o a hacer comentarios mordaces, ¡es posible que usted tenga que intervenir!

Si su hijo posee el don espiritual de liderazgo, es posible que reconozca lo siguiente:

- Tienden a ser iniciadores.
- Son creativos en su visión.
- Resuelven problemas. Cuando se encuentran con una barricada de cualquier tipo, buscan maneras de innovar para superar ese obstáculo.

- Tienden a ser asertivos.
- Son visionarios. Pueden ver y comunicar lo que otros no ven.
- Cuando juegan con amigos, piensan en ideas nuevas para el grupo y buscan el consenso de otros.
- A menudo piensan que tienen la razón.
- En un viaje familiar al zoológico, ellos son quienes dicen lo que quieren que vean todos los demás.
- Los líderes a menudo hablan acerca del futuro.

PASTOR

El don de *pastor* es la habilidad especial que Dios les da a ciertos miembros del Cuerpo de Cristo, para asumir una responsabilidad personal de librar la guerra espiritual de otros, a largo plazo. Los pastores alimentan, cuidan y guían a la gente hacia la madurez espiritual progresiva y hacia ser como Cristo.[6]

Aunque la dinámica de liderazgo de algunas personas nos ha inspirado a muchos de nosotros, a menudo son los pastores que tenemos en nuestra vida los que nos conmueven más profundamente. Si usted ha estado en la iglesia durante un largo periodo, sabe a qué me refiero. Los pastores son aquellos que dejarán a las 99 para salvar a 1 oveja. Los pastores son quienes parecen tener un mayor cuidado. Si usted necesita a alguien que lo ayude en un momento de desesperación, lo más probable es que llame a un pastor. Los pastores ven la gran comisión (ver Mateo 28:19-20) comenzando con la persona que se encuentra frente a ellos, en lugar de ver a todo el continente.

Los pastores son líderes, ya que tienen un rebaño. Si su hijo tiene el don de pastoreo, él estará rodeado o influirá en la vida de los demás. Otros buscarán a su hijo para obtener fortaleza, sabiduría y ánimo. A semejanza de un pastor, sus hijos cuidarán de su rebaño. Ellos cuidarán de sus necesidades. Los pastores buscan oportunidades para satisfacer necesidades.

Si su hijo posee el don pastoral, este se manifestará de manera diferente que el don de liderazgo. Sí, los pastores son líderes, pero ellos dirigen en una manera que conmueve a la gente en maneras profundamente personales. Los líderes, por otro lado, a menudo están volando a 35 000 pies de altura y sienten que la gente puede hacer a un lado sus necesidades individuales para cumplir la visión mayor. Los verdaderos pastores, sin embargo, no se conforman con dirigir de esta manera.

Aunque la gente me ha llamado "pastor" durante casi dos décadas, creo haber recibido el don correspondiente apenas hace poco. Durante años he sido un líder/maestro eficaz, pero estaba consciente de que me faltaba algo en mi capacidad de pastorear a la gente. Mi ministerio parecía ser exitoso en el exterior, pero le faltaba el cuidado personal que yo valoraba en otros ministerios de los que he sido parte. Para remediarlo, comencé a orar para que Dios me ayudara a amar más a la gente. Esa sencilla oración ha cambiado mi vida más que otra oración que haya hecho.

En los últimos dos años, Dios ha hecho una obra tremenda en mi corazón y mi ministerio. La gente ha comenzado a alentarme en mi efectividad pastoral. La única razón que puedo ver, es que Dios, por medio de su gracia, me ha dado un nuevo don posterior a mi conversión. Dios de verdad me ha dado un corazón de pastor. Ya no me conformo con ver que haya gente que se quede atrás por el bien de un ministerio mayor y más brillante. ¡Estoy amando el ministerio más que nunca!

Si existe un don particular que usted desee, pídaselo a Dios. Pablo nos dice en 1 Corintios 12:31: "Ambicionen los mejores dones"; él nos implora que deseemos dones que todavía no tenemos. Santiago nos anima a pedir sabiduría, la cual es también otro don (ver Santiago 1:5). ¡Dios es un dador de dones y puede darnos un nuevo don en todo momento! Ore lo mismo por sus hijos.

El don de pastor no significa que su hijo tenga vocación para el ministerio. Dios me mostró hace mucho tiempo que Él ha comisionado pastores para todas las áreas de la sociedad. Dios ha llevado pastores a todo el mundo y muchos de ellos nunca llevarán el título de pastor.

Una de las maneras en que el Señor me lo mostró, fue a través de las personas que limpian las iglesias del mundo. Me refiero a lo siguiente. Algunos de los pastores más asombrosos que he conocido, han sido aquellos que tienen una escoba en la mano y no una Biblia. Durante un periodo de 10 años, y a lo largo de muchos continentes, he conocido a estos asombrosos pastores que estaban conformes con dejar que la apariencia de portero de la casa del Señor escondiera lo que realmente les apasiona: la gente.

Algunos de los momentos más impactantes de mi vida han sucedido con estos pastores. Me he dado cuenta de que ellos a menudo cuidan y están más en sintonía con el corazón de la congregación que muchos de los pastores oficiales. Estos pastores interceden mientras barren. Ellos oran por los enfermos y les ofrecen café y agua a los que llegan de la calle buscando el apoyo de la iglesia.

Su hijo posiblemente no será pastor más allá del patio de juegos, el equipo deportivo o el centro de trabajo; pero en la economía del Reino, usted puede apostar que Dios tiene una unción especial para el rebaño que vigila su hijo. ¡Qué Dios bendiga a los pastores de las calles y del patio escolar en medio de nosotros!

Es posible que su hijo posea el don espiritual de pastor si observa un patrón de comportamiento que consista en lo siguiente:

- Si defiende a otros.
- Es un buen oyente.
- Siente el dolor y el sufrimiento de otros.
- Tiende a decir cosas para que los demás sepan que a él le importa. Puede ver niños con un fuerte don pastoral que a menudo hacen preguntas acerca de cómo se encuentran los demás o cómo les fue en el día.
- Ayuda a otros a responder ante la vida.
- Se pone en acción para satisfacer necesidades.
- No le gusta dejar a nadie atrás. Nosotros lo experimentamos con Lucy. Ella siempre se preocupa por que todos asistan a un paseo.
- Puede dejar de hacer tarea o un proyecto divertido para ayudar a otra persona. Este también puede ser el don de servicio, pero el don pastoral irá más allá de solamente ayudar; habrá un nivel de cuidado o preocupación por la persona.
- Cuida y se preocupa. Aunque parezca extraño, creo que una de las mejores maneras de ver si este don se muestra, es con las mascotas. ¿Cómo responden a las mascotas sus hijos? Oiga, no les llaman pastores porque sí. Si sus hijos son amables y cuidadosos con las mascotas, yo apostaría que son pastores.

6

Las manos y los pies de la Iglesia

Los dones de servicio

Los mejores reyes comienzan como siervos. Los mejores siervos nunca ambicionan ser reyes.

Categoría 2 de los dones espirituales: Servir
Dar, ayudar, servir, hospitalidad

David fue rey y un hombre conforme al corazón de Dios. Él asumió el trono de la manera difícil, a través de la paciencia y de un sano respeto por los ungidos de Dios. David nunca tomó el reino, se lo otorgaron.

El viaje de David hacia el reino comenzó siendo siervo; primero, llevándole suministros a las tropas del rey Saúl, en la línea del frente de batalla y, más tarde, como asistente personal de adoración para el rey. David mostró el don de servicio cuando era niño. Debido a esto, David después continuó siendo compasivo con los humildes y los abatidos. Él entendía los caminos y las incertidumbres de los siervos. Esta comprensión fue lo que creó al rey en quien se convertiría. Más adelante, Jesús siguió este patrón en su ministerio terrenal. Los mejores reyes a veces comienzan siendo siervos. Los mejores siervos nunca ambicionan ser reyes.

> Así como el Hijo del hombre no vino para que le sirvan, *sino para servir* y para dar su vida en rescate por muchos.
> —Mateo 20:28, énfasis añadido

PONER PIES Y MANOS POR EL BIEN DEL AMOR

La paradoja del siervo es que entre más sirva y se haga más humilde, más grande será su valor en el Reino. Servir es la única inversión en la que se entrega todo y se termina con todas las riquezas de la eternidad. En Lucas 22, Jesús señaló que los siervos tienen un lugar especial en el Reino de Dios:

> No sea así entre ustedes. Al contrario, el mayor debe comportarse como el menor, y el que manda como el que sirve. Porque, ¿quién es más importante, el que está a la mesa o el que sirve? ¿No lo es el que está sentado a la mesa? Sin embargo, yo estoy entre ustedes como uno que sirve.
>
> —LUCAS 22:26-27

Cuando los dones de un siervo se encuentran dirigidos hacia el Espíritu Santo sus acciones no lo servirán a él mismo, sino expresarán el amor de Dios por un mundo quebrantado. Podemos ver lo anterior cuando Jesús lavó los pies de sus discípulos.

En el comienzo del pasaje (ver Juan 13), Cristo predice su muerte. En la cruz, Jesús pronto le mostraría al mundo la plena extensión de su amor. Esta acción de lavar los pies de sus discípulos tuvo el fin de mostrar este acto mayor de servicio y de amor.

Aquí vemos que el punto de todos los dones espirituales es el amor. Cuando Jesús sirvió al lavar los pies, lo hizo por el bien del amor. Los dones de servicio hacen que los creyentes sean lo más grande en el Reino del cielo, porque estos actos de autoservicio imitan al acto más grande de servicio y de amor que se haya hecho. Jesús entrelazó el servicio y el amor cuando murió en la cruz por nuestros pecados. Es por ello que los siervos detentan tan alta estima en el Reino del cielo. Los siervos representan con mayor exactitud el propósito y la naturaleza divina de Jesús.

> Se acercaba la fiesta de la Pascua. Jesús sabía que le había llegado la hora de abandonar este mundo para volver al Padre. Y habiendo amado a los suyos que estaban en el mundo, los amó hasta el fin.
>
> —JUAN 13:1

Jesús les asignó este acto de servicio a sus discípulos, prometiéndoles bendiciones si seguían su ejemplo.

> Pues si yo, el Señor y el Maestro, les he lavado los pies, también ustedes deben lavarse los pies los unos a los otros. Les he puesto el ejemplo, para que hagan lo mismo que yo he hecho con ustedes. Ciertamente les aseguro que ningún siervo es más que su amo, y ningún mensajero es más que el que lo envió. ¿Entienden esto? Dichosos serán si lo ponen en práctica.
>
> —Juan 13:14-17

Si usted desea vivir bajo la promesa de bendición, entonces sirva. Dicho lo cual, veamos los principales dones de servicio.

Dar

El don espiritual de *dar* es la habilidad de dar con un corazón agradecido y alegre—incluyendo recursos materiales—a fin de suplir las necesidades de los demás o para cumplir algún propósito.

Cuando el don espiritual de dar se encuentra sometido al Espíritu Santo, se traduce en una vida desinteresada que no reclama nada como suyo. Esto es diferente al comportamiento disfuncional de complacer a los demás. La expresión del verdadero don de dar comparte las cosas a partir de una mentalidad de que todo le pertenece a Dios. Debido a esto, los límites de lo que los niños que poseen el don de dar reclaman como suyo son borrosos. Estos niños con dones espirituales están más dispuestos a prescindir de las cosas, así como a compartir sin esperar nada a cambio. A estos niños les encanta ver cumplidos los sueños de los demás, debido a un amor autosacrificado. Son un regalo de Dios para este mundo, aliviando el sufrimiento a través de la contribución. Ellos encuentran gozo al derramar todos sus recursos para la gloria de Dios.

Nuestros amigos Ricky y Destiny han trabajado para identificar los dones en sus niños. A continuación, un correo electrónico acerca del don de dar de su hija Ruby:

Hola Adam:

Cuando Ruby tenía dos años, ella insistía en que sus amigos se llevaran a casa uno de sus juguetes. Las madres estaban siempre consternadas, pensando que era una fase infantil y que ella cambiaría de parecer más adelante. Ella nunca cambió y le lastimaba que sus amigos no quisieran llevarse sus juguetes. ¡Las muñecas y los ponis se le acabaron muy rápidamente! Ahora les envía zapatos, moños de cabello, muñecas Polly Pocket, dibujos, etiquetas; cualquier cosa que ella pueda dar, siempre y cuando nadie se vaya de nuestra casa con las manos vacías. Ella también hace tarjetas o empaca galletas, y se las entrega a los vecinos en su carreta.

¡Qué genial!

Es posible que su hijo tenga el don espiritual de dar si usted observa lo siguiente:

- Comparte cosas.
- No es demasiado protector con sus cosas.
- Observa o menciona oportunidades para dar.
- Anima a los demás a regalar sus cosas.
- No necesita tener las mejores cosas o posiciones.
- A menudo se conforma con lo que tiene.
- Si usted lleva a este niño a una tienda para comprar algo, él puede mencionar también a otra persona para la que usted puede comprar algo.
- Se enfoca menos en sí mismo que otros niños.
- Regala su dinero.
- Es posible que tienda a vivir sencillamente.

AYUDA

El don de *ayuda* se manifiesta en los creyentes que invierten sus talentos en la vida y el ministerio de otros, a menudo permitiéndole a quien es servido incrementar sus propias habilidades.

El don de la ayuda es distinto al don de servicio, ya que su propósito principal es acercarse a la persona, permitiéndole llevar a cabo una tarea o un objetivo. A los ayudadores les encanta estar en las trincheras junto con quien están ayudando. Estos niños pueden también tener correspondencia con el don de enseñanza. Esto se debe a que a menudo desean equipar a otra persona mientras están con ella para ayudar.

Por el contrario, los niños con el don de servicio pueden estar más enfocados en llevar a cabo la tarea por el bien de la causa, en lugar de hacerlo con el propósito de asociarse con las personas que están ayudando. Los ayudadores, sin embargo, aman hacer cosas juntos. Ellos poseen una pasión por ver a los demás estar equipados y ser ayudados a través de su colaboración. Los ayudadores desean ver que los demás crezcan en sus propias habilidades y efectividad.

Los niños con el don de ayuda se unen a otros niños para ayudarlos a completar una tarea. Esto puede ir desde empujar algo por una colina, hasta ayudar a un hermano a limpiar su habitación. Si su hijo se ofrece cuando otros necesitan ayuda, es posible que posea el don de ayuda.

¿Recuerda a Ruby quien tenía el don de dar? Parece que esta niña de seis años también tiene el don de ayuda. Leamos más acerca del correo electrónico de Rick y de Destiny:

> Ruby siempre desea ayudar, preguntándome todas las noches si puede ayudarme a cocinar la cena. Si le doy una tarea, ella se siente feliz de ayudar, pero no desea recibir un derroche de alabanzas, ya que la incomoda.

Puede ser que su hijo posea el don de ayuda si usted observa el siguiente patrón:

- Le gusta hacer las cosas en sociedad.
- Ofrece ayuda con cosas como la despensa y la jardinería.
- Prevé y menciona las maneras posibles de ayudar a una persona cuando escucha de una necesidad futura.
- Cuando ve a un extraño en necesidad, sugiere maneras de ayudar a la persona directa e inmediatamente.
- Hay un cambio evidente en su conducta cuando se encuentra ayudando a los demás. Cobra vida.
- Cuando ofrece ayuda, el proyecto o causa en el que está involucrado se mejora perceptiblemente, debido a su contribución.

SERVIR/SERVICIO

El don espiritual de *servicio* es la habilidad de ver una necesidad y utilizar los recursos a mano para completar la tarea.

Los niños creyentes con el don espiritual de servicio realizarán lo que sea por el bien de otros. A diferencia de la ayuda, no hay un énfasis en acudir en ayuda de los demás para agudizar su eficacia. Los siervos simplemente desean ver completadas las necesidades por suplir.

He observado que los siervos verdaderamente dotados están dispuestos a dejar su comodidad e intentar aquello que otros creyentes no se deciden a realizar. Si no hay nadie más que lleve a cabo el trabajo, la persona con el don de servicio se ofrecerá a dar un paso adelante y completar el trabajo, sin importar cuan sucio sea, porque suplir la necesidad está en la naturaleza de este don. La tarea en particular no es importante.

Pablo, en Romanos 12:7, utiliza la palabra griega *diakonia.* Esta palabra significa servir o atender a los demás.[1] Es la cualidad de poder ofrecerles a los demás lo que necesitan en el momento.

Si sus hijos son siervos, ellos estarán dedicados a la tarea a mano. A ellos no les importa trabajar bajo la supervisión de alguien y nunca se sienten menos por llevarlo a cabo.

Los siervos son muy buenos al ofrecerse como voluntarios. Ellos no agregan valor al tamaño de la tarea, sino a su finalización. Los siervos rara vez dejan una tarea sin terminar. Estos son niños comprometidos que, cuando ayudan en el Espíritu, a diferencia de la carne, no le pedirán aprobación o alabanzas cuando la tarea esté hecha.

Su hijo puede tener el don de servicio, si usted observa el siguiente patrón:

- Ofrece ayuda incluso cuando se le pide algo en lo que naturalmente no destaca.
- Ordena las cosas de los demás.
- Se ofrece de buena gana como voluntario.
- Limpia aunque no se lo soliciten.
- Retira sus platos al terminar la cena.
- Cuando comienza un trabajo, tiende a terminarlo.
- Los maestros mencionan que ayuda en clase.
- Es atento con las personas con necesidad.

- Ofrece sugerencias de lo que podría llevarse a cabo a favor de una persona en necesidad.
- Es desinteresado.
- No le importa trabajar bajo dirección.
- Cuando trabaja para completar una tarea, se concentra y se goza.

Hospitalidad

El don espiritual de *hospitalidad* equipa a los creyentes para proporcionar brazos abiertos, casas abiertas y un recibimiento cálido con el propósito de animar y equipar.

Ayer tuvimos una reunión para entrenar a grupos pequeños y servimos un postre. Tanya es nuestra directora y coordinadora de grupos pequeños. Vi que Tanya alistó todo lo que preparó para el evento. Cuando la gente comenzó a entrar en la habitación, ella continuó asegurándose de que todo estuviera hecho con calidad y excelencia. Más tarde, Tanya repasó sus notas para prepararse para su presentación.

¿Qué dones cree usted que tiene Tanya? Si dijo hospitalidad, yo tendría que diferir. Tanya es una dotada maestra y sierva, pero no tiene un fuerte don de hospitalidad. Una persona con el don de hospitalidad habría sido alguien que permaneciera en la puerta para saludar y posiblemente abrazar a todos en cuanto llegaran, asegurándose de que se sintieran bienvenidos, aceptados y cómodos. Tanya, sin embargo, se concentró en dos cosas: se aseguró de que todo estuviera hecho y de que su enseñanza estuviera lista. Gracias a Dios, Tanya también delega y tenía un grupo de personas preparadas para dar la bienvenida. ¡El evento fue todo un éxito!

Mi hija Lily tiene el don de hospitalidad. Semanas antes de cualquier evento, ella comienza a prepararse para todos lo que asistirán. A Lily le encanta crear manteles individuales en el Día de Acción de Gracias. Ella pasa mucho tiempo asegurándose de que estos reflejen exactamente la naturaleza de la persona. Desea que todos se sientan especiales. Cuando los invitados llegan a la fiesta, Lily se coloca en el camino de entrada para darles la bienvenida. Cuando la gente se va, ella los acompaña a su coche.

Los niños con el don de hospitalidad son afectuosos. Estos niños son muy buenos acogiendo a la gente y asegurándose de que todos se sientan mejor que cuando llegaron. A estos niños les importan cosas como la atmósfera y el ambiente. Si su hijo posee este don, este a menudo utilizará notas, tarjetas y flores para dar una sensación de bienvenida y de pertenencia a la vida de una persona.

Es posible que su hijo posea el don de hospitalidad si usted observa estos patrones:

- Le gusta proporcionar un ambiente donde la gente se sienta valorada y cuidada.
- Cuando conoce a personas nuevas, los ayuda a sentirse bienvenidos.
- Crea un entorno seguro y cómodo donde se pueden dar las relaciones.
- Busca conectar siempre a las personas en relaciones significativas.
- Tranquiliza a la gente en lugares que no les son familiares.
- Se acerca a los marginados.
- Es amigable.
- Organiza reuniones de té y otro tipo de eventos, atendiendo detalles que se orientan a las personas.

Si sus hijos poseen cualquiera de los dones de servicio, ellos serán las manos y los pies de la Iglesia. Los siervos multiplican el Reino acompañando a los demás, proporcionándoles sus recursos, llevando a cabo cosas que nadie más realiza y ayudándolos a llevar a cabo la tarea a mano. Los siervos llevan a cabo las cosas.

7

Portadores de misericordia

Los dones de compasión

El pastor dijo que si deseábamos orar por la gente y verla sanar, debíamos pasar al frente. Así que, pasé.

—La respuesta de Braden, un niño de cinco años, ante la razón por la que desapareció de su lugar.

Categoría 3 de los dones espirituales: Compasión
Ánimo, sanidad y misericordia

La mayoría de los seres humanos hacen todo lo que pueden para eliminar el sufrimiento de su vida. Es por ello que la compasión es tan radical. La compasión es el deseo de sufrir con los demás, de entrar en su dolor con comprensión, empatía y esperanza.

La compasión es una pieza clave de la expresión del amor. Es el pegamento de la profunda conexión humana. La compasión es el combustible del cambio del mundo y de las acciones que traen el Reino a la Tierra. El corazón del evangelio es compasivo por naturaleza. Cuando Jesús dejó la gloria del cielo para entrar en nuestro dolor, llevándolo sobre sus hombros, él estaba viviendo en compasión. Jesús vio nuestro dolor y entró en él. Se identificó con nosotros en nuestros sufrimientos.

> Quien, siendo por naturaleza Dios, no consideró el ser igual a Dios como algo a qué aferrarse. Por el contrario, se rebajó voluntariamente, tomando la naturaleza de siervo y haciéndose semejante a los seres humanos.
>
> —Filipenses 2:6-7

Este acto compasivo, como todos, ¡tuvo el poder de sanar! Debido a que la compasión imita un acto de la naturaleza de Cristo, esta contiene un poder inherente infundido por Dios, para traer sanidad.

Me refiero a lo siguiente: cuando Jesús se hizo pecado en la cruz, todo el dolor del mundo fue puesto sobre Él. Él se convirtió en nuestro dolor; se hizo partícipe de él. Después de que Jesús soportara el dolor en la cruz—no solamente dolor físico, sino también emocional y espiritual debido a la separación de Dios por el pecado—el resultado fue que nosotros fuéramos sanados. El acto de amor y de compasión de Jesús derramó sanidad espiritual sobre "todo aquel que en Él cree". La sanidad también es liberada en muchas maneras a través de nuestros actos de compasión. Si usted desea tener un ministerio que lleve sanidad a los demás, ore por el don de compasión.

> Al que no cometió pecado alguno, por nosotros Dios lo trató como pecador, para que en él recibiéramos la justicia de Dios.
>
> —2 CORINTIOS 5:21

> Él mismo, en su cuerpo, llevó al madero nuestros pecados, para que muramos al pecado y vivamos para la justicia. Por sus heridas ustedes han sido sanados.
>
> —1 PEDRO 2:24

Cuando vemos la Escritura, observamos que Jesús sanó a los demás como resultado de la compasión que tenía por sus necesidades:

> Cuando Jesús desembarcó y vio a tanta gente, tuvo compasión de ellos y sanó a los que estaban enfermos.
>
> —MATEO 14:14

> Jesús se compadeció de ellos y les tocó los ojos. Al instante recobraron la vista y lo siguieron.
>
> —MATEO 20:34

> Movido a compasión, Jesús extendió la mano y tocó al hombre, diciéndole:—Sí quiero. ¡Queda limpio!
>
> —MARCOS 1:41

Los niños que caminan en los dones de compasión—ánimo, sanidad y misericordia—son sanadores. No estoy diciendo que verán caminar a los cojos, pero es posible. Si usted identifica dones de compasión en su hijo, usted debe proporcionarle oportunidades para responder a las necesidades que conmueven su corazón. Una grandiosa manera de llevarlo a cabo es preguntarle qué desearía hacer si surge cierta situación. Si no tienen ideas, usted debe presentarle algunas opciones. Esta puede ser una oportunidad para visitar un asilo local o un hospital infantil. Discipular a sus hijos para imponer manos y orar por los enfermos es otra idea fantástica. Si usted no sabe cómo llevarlo a cabo, estoy seguro que hay gente en la iglesia que sabe cómo hacerlo. Pídales acompañarlos como familia en el siguiente viaje que hagan para orar por los enfermos.

Ánimo

El don espiritual de *ánimo* es la habilidad de fortalecer a otra persona a través de las palabras o posiblemente de su presencia física. Los animadores les llevan consuelo y sanidad a los demás. Ellos estimulan a otros.

Lucy, nuestra hija de tres años, tiene el don de ánimo. Lucy es una porrista emocional. Uno de los objetivos de su vida es hacer que una persona se sienta edificada y apoyada.

La primera vez que reconocí este don en Lucy fue durante una caminata por el vecindario. Como todos los niños, Lily desafió a su hermana a una carrera. Obviamente, la niña de tres años no podría vencer la prueba de velocidad de una niña de tercer grado escolar.

Lily tuvo la amabilidad de darle ventaja. La carrera comenzó como muchas otras, gritando: "¡Fuera!". Lo diferente de esta carrera fue que cuando Lily superó a Lucy, Lucy comenzó a gritar: "¡Vamos Lily! ¡Vamos Lily!".

Ya que soy un padre que está constantemente en el patio de juegos de la escuela de Lily, he visto muchas carreras similares. Normalmente un niño comienza a llorar o se rinde cuando comienza a perder la carrera, pero Lucy no. De hecho, cuando Lily cruzó la línea de meta, relegando así a Lucy al podio de los perdedores, ella exclamó con gozo: "¡Todos ganamos!". Lily intentó convencer a Lucy que en realidad había perdido la carrera, pero Lucy no lo aceptaba. Esto se debe a que si usted es un animador verdadero, cuando alguien más triunfa en su familia, usted lo percibe como si todos ganaran. ¡Qué grandiosa perspectiva de la vida!

A continuación otro correo electrónico de nuestros amigos de nuestro grupo pequeño, Rick y Destiny. Esta vez se relaciona con el don de ánimo de su hijo, Jude.

> Jude definitivamente posee el don de ánimo. Recientemente, un papá se me acercó y me dijo que su hijo de primer grado estaba triste por tener que llevar un parche y gafas a la escuela. Él no deseaba que los niños se burlaran de él. Cuando entró por la puerta, Jude se dio cuenta que el niño se sentía nervioso e incómodo con las preguntas de los demás niños, de manera que lo apartó y le mostró sus propias gafas. Le dijo al niño que estaba bien y que no era un fenómeno.

¡Esta es una historia genial!

Es posible que su hijo posea el don espiritual de ánimo, si usted reconoce el siguiente patrón:

- Los maestros mencionan cuánto les agrada a sus compañeros. Esto se debe a que los animadores son algunas de las personas más agradables del mundo. ¿A quién no le agrada alguien que lo hace sentir bien?
- Les dice a los demás que han sido echados de menos cuando regresan después de una ausencia.
- Anima verbalmente a otros.
- Tiende a ver lo mejor en los demás.
- Es menos crítico o negativo que otros niños.
- Proporciona ánimo en el tiempo adecuado.
- Motiva a los demás.
- Después de escuchar los logros de alguien dicen cosas como: "¡Muy bien!", o: "¡Buen trabajo!".
- Utiliza un toque físico apropiado (abrazos, colocan su brazo sobre el hombro) para animar a alguien que se siente desanimado.
- Lo anima a usted.

La sanidad

El don espiritual de *sanidad* es la habilidad de ser utilizado como conducto de Dios para transmitirle sanidad sobrenatural y plenitud a otra persona.

El primer niño que conocí con el don de sanidad fue cuando yo era pastor de jóvenes en Newport Beach, California. Uno de los pastores de nuestra zona tenía un hijo de cinco años, llamémoslo Braden, quien caminaba poderosamente en una serie de dones espirituales. Uno de estos dones era la sanidad.

Una vez, durante un servicio vespertino de la iglesia, tuvimos un tiempo en que la gente podía pasar al frente para recibir oración de sanidad. Los demás fueron invitados a acercarse igualmente para orar por aquellos que se encontraban al frente. Mientras la gente avanzaba por los pasillos, los padres de Braden observaron que él había desaparecido. De alguna manera se había marchado, mientras tenían los ojos cerrados.

Buscaron por todos lados, para finalmente encontrarlo en el altar orando por un hombre que padecía una enfermedad prolongada. Cuando más tarde le preguntaron por qué había ido al frente para orar, Braden respondió: "El pastor dijo que si deseábamos orar por la gente y verla sanar, debíamos pasar al frente. Así que, pasé".

Aquí tenemos otro ejemplo de cómo podemos tener una tendencia a obstaculizar involuntariamente a nuestros hijos. Por alguna razón, simplemente no creemos que cosas como la oración de sanidad estén disponibles para nuestros hijos.

Tenemos aquí una grandiosa parte de la historia: ¡El hombre por quien oró Braden fue sanado! Esto en realidad tiene sentido conforme a las Escrituras, ya que la sanidad está ligada a la fe y Jesús dijo claramente que los niños tienen un tipo de fe que debemos tratar de emular.

> Unos hombres le llevaron un paralítico, acostado en una camilla. *Al ver Jesús la fe de ellos*, le dijo al paralítico: ¡Ánimo, hijo; tus pecados quedan perdonados!
>
> —Mateo 9:2; énfasis añadido

> Cuando Jesús se dio cuenta, se indignó y les dijo: Dejen que los niños vengan a mí, y *no se lo impidan*, porque el reino de Dios es de quienes son como ellos. Les aseguro

> que el que no reciba el reino de Dios como un niño, de ninguna manera entrará en él.
>
> —MARCOS 10:14-15, ÉNFASIS AÑADIDO

Es posible que su hijo posea el don de sanidad, si usted ha visto el siguiente patrón:

- Ha orado por alguien y ha visto sanar a la persona.
- Cuando escucha de la enfermedad de alguien, desea orar al respecto.
- A menudo recuerda a las personas enfermas durante los tiempos de oración familiar.
- Consuela físicamente, abraza o toca a una persona enferma o quebrantada. Esto se debe a que, en muchos casos, imponer las manos es parte de la ecuación de sanidad de Dios. Me he dado cuenta de que la gente con el don de sanidad lo hace naturalmente.
- No se incomoda o se asusta cuando va a los hospitales.
- Tiene una profunda sensación de compasión.

LA MISERICORDIA

El don espiritual de *misericordia* comienza con un corazón que se conmueve con los quebrantados y los marginados. La misericordia muestra su fruto al tomar acción para satisfacer las necesidades de los quebrantados y los abatidos.

La primera parte de este capítulo que habla acerca de la compasión, podría insertarse aquí fácilmente. La compasión es una forma de misericordia. La gente que posee el don de misericordia busca cuidar de las víctimas de un trato injusto. Ellos desean ver el amor y la gracia de Dios liberado en los quebrantados. Los niños misericordiosos a menudo se acercan a los marginados. Como Jesús, ellos se dirigen a los quebrantados. Estos niños son sensibles al dolor y al trato injusto del que han sido víctimas los demás.

> En verdad, consideramos dichosos a los que perseveraron. Ustedes han oído hablar de la perseverancia de Job, y han visto lo que al final le dio el Señor. Es que el Señor es muy compasivo y misericordioso.
>
> —SANTIAGO 5:11

Los niños con el don de misericordia tenderán a perdonar y a juzgar menos que la mayoría. Después de todo, la misericordia sustituye a juzgar a otros. Los niños con el don de misericordia reflejarán esta verdad bíblica.

> ¡La compasión triunfa en el juicio!
>
> —Santiago 2:13

Tenemos aquí la breve historia de unos amigos que creen ver el don de compasión en su hija.

> Roxy es especialmente sensible al sarcasmo o incluso a la burla. Si nosotros vemos una película acerca de un niño que es molestado o menospreciado, a menudo llora y se marcha a su habitación. Si alguien está intentando leer una historia en la clase y otro niño se ríe, Roxy llora por la maldad de la acción. A ella no le gusta que yo cuente historias de los "momentos más vergonzosos", ya que la incomodan demasiado.

Su hijo puede tener el don de misericordia, si muestra el siguiente patrón de comportamiento:

- Llora o expresa alguna emoción cuando otros expresan su dolor en palabras o con lágrimas.
- Responde a la enfermedad de una mascota en una manera muy generosa.
- Incluye a los marginados en los juegos o eventos deportivos.
- Defiende o incluso se pelea en la escuela por el bien de otro.
- Hace muchas preguntas después de ver que alguien es maltratado.
- Busca siempre aliviar la incomodidad de la gente.
- Es consistentemente generoso.
- Tiende a estar al pendiente de los hermanos menores.
- Lleva las cargas de otros mucho tiempo más allá de cuando muchos deciden seguir su camino.
- Les da segundas oportunidades a los demás.
- Perdona a los demás con mayor facilidad que las demás personas.

8

Niños que comprenden

Los dones de comprensión

Si busca a Dios para lo que concierne a su futuro, usted cree en la profecía.

Categoría 4 de los dones espirituales: Comprensión.
Discernimiento, interpretación de lenguas, lenguas, conocimiento, intercesión/oración, sabiduría, profecía

Pasé tiempo recientemente con un amigo que estaba explicándome cómo se comunica Dios con nosotros en la actualidad. Su punto era que Dios nos había dado la Biblia y que todo lo que necesitamos saber para vivir y para tomar decisiones, se encuentra en esas páginas. Mi amigo cree que mientras no rompamos las ordenanzas de Dios tal como se encuentran en las páginas de la Escritura, podemos tomar las decisiones que deseemos y Dios no nos dirige con pensamientos, sueños, impresiones o con un suave murmullo interno.

La manera en que escuchamos a Dios y comunicamos su mensaje a la humanidad es otra de esas polémicas que nos colocan en un campo teológico. Por un lado tenemos a las personas, como mi amigo, que creen que mientras vivamos dentro de los límites de la Palabra de Dios, no necesitamos buscar a Dios para obtener más revelación. Del otro lado o campo, se encuentran los creyentes que sienten que Dios siempre les está hablando palabras frescas de revelación a ellos y al resto de su Iglesia. Estos son los creyentes que pueden decirle que tienen una palabra especial del Señor para usted o que Dios puso un versículo en su corazón. Estos seguidores de Cristo escuchan a Dios en el supermercado, mientras miran la televisión o posiblemente en sueños y visiones.

Yo me encuentro en un punto en medio de estos dos campos. Soy pastor del movimiento Calvary Chapel. Si usted no conoce Calvary Chapel, comenzó con la Gente de Jesús, los hippies que amaban a Jesús.

En la década de 1970, Dios se movió en una ola fresca de avivamiento. Chuck Smith, el fundador de Calvary Chapel, se encontró entre la espada y la pared. Como conservador bíblico, el pastor Chuck no se inclinaba hacia muchas de las manifestaciones del Espíritu de Dios que estaba viendo entre sus congregantes. Por otro lado, muchas personas estaban siendo salvas como resultado y él no era nadie para obstaculizar la obra de Dios.

Si usted ha seguido a Calvary Chapel durante las últimas décadas, es posible que sepa que ellos han intentado enfocarse en mantener el equilibrio bíblico de la verdad revelada de Dios como se ve en las páginas de la Escritura, mientras que permiten la paleta completa de dones. En su libro *Carisma vs. Carismata*, el pastor Chuck aborda esta tensión.[1] Aunque el libro ahora está un poco pasado de moda, continúa haciendo un gran trabajo al hablar de este tema. Si usted se encuentra actualmente en medio de esta tensión y no sabe si los dones carismáticos corresponden a la actualidad o no, es posible que deba adquirir ese libro en alguna librería a través de la Internet.

Yo soy una persona que escucha a Dios en todo tipo de lugares. A menudo me viene un pensamiento o una descripción visual que parece tener en ella el aroma de Dios. Mi único requerimiento cuando escucho esas palabras es probar el mensaje. ¿Este mensaje se basa en una verdad bíblica? ¿El mensaje refleja la historia y el mensaje de los creyentes que me antecedieron? ¿Es lógico y respalda mi experiencia personal que este punto de mi vida y mi ministerio me han probado?[2]

Debido a esto, Calvary Chapel ha sido una gran elección para mi familia y para mí. Es verdad que a muchas personas les gustaría ver que nuestro movimiento desechara más dones carismáticos. A otros les gustaría que nos moviéramos más profundamente en ello y desean que todos los dones sean una parte regular del servicio semanal.

Al final, me siento muy conforme con el lugar donde nos

encontramos. Conocemos una obra de Dios por sus frutos. Sí, permitimos los dones, pero ellos no nos definen. Si nosotros como movimiento continuamos en la dirección en la que vamos, el legado de Calvary Chapel será conocido como una iglesia de enseñanza bíblica, de ganadores de almas y de disciplina, llena del poder y de los dones de Dios.

LA COMUNICACIÓN CON SUS AMIGOS

La "comprensión" de los dones espirituales se trata acerca de la comunicación. Cada uno de ellos está destinado a actuar como una línea de contacto entre Dios, su pueblo y un mundo quebrantado. ¿Qué está diciendo ahora Dios y qué desea que llevemos a cabo con ello?

Una cosa es verdadera en estos dones. Como todo bien y don perfecto que viene de Dios, estos les han sido confiados a personas con defectos. Vea los versículos más abajo que hablan de esta tensión.

Esté usted lidiando con la comprensión de un texto particular de la Escritura en una iglesia conservadora o interpretando una lengua en una congregación carismática, ambas pueden manejarse mal o expresarse erróneamente. Debido a que usted se encuentra parado en la comprensión basada en *sola scriptura* (solo las Escrituras) para escuchar a Dios, tiene que decidir cuál es la comprensión correcta de cada pasaje. Así como podríamos llegar a confundirnos con las lenguas, ¿quién negaría que el mismo peligro está presente cuando tratamos con la Palabra de Dios? Las sectas son un gran ejemplo de ello.

> Porque conocemos y profetizamos de manera imperfecta.
>
> —1 CORINTIOS 13:9

> Toda buena dádiva y todo don perfecto descienden de lo alto, donde está el Padre que creó las lumbreras celestes, y que no cambia como los astros ni se mueve como las sombras.
>
> —SANTIAGO 1:17

Deseo reiterar, mientras nos movemos a través de este grupo particular de dones, que no estoy intentando convencerlo de sus ventajas. Existen muchos creyentes asombrosos que son mucho más inteligentes y santos que yo, quienes se encuentran en lados opuestos de estos dones particulares. Lo que espero, es que Dios le hable en cualquier tradición que usted siga, y que lo haga consciente del equipamiento que ha puesto en sus hijos.

Recuerde que este libro se trata más acerca de discipular a sus hijos en el ministerio que sobre cambiar su perspectiva denominacional de los dones espirituales. Dicho lo cual, hago lo mejor que puedo para compartir lo que creo que Dios me ha mostrado con respecto a su habilidad y sus métodos para hablarles a los niños.

Recuerde que este libro se trata más acerca de discipular a sus hijos en el ministerio que sobre cambiar su perspectiva denominacional de los dones espirituales.

Discernimiento

El don espiritual de *discernimiento* le permite al creyente ver rápidamente el núcleo de un problema y conocer la verdad. Esto puede relacionarse con un error doctrinal, una decisión del ministerio, problemas relacionales o espirituales, entre otras cosas.

Cuando llegamos a una encrucijada, necesitamos discernimiento para saber qué camino tomar. El discernimiento es lo que nos mantiene dentro de los límites de la verdad de Dios. Además nos mantiene a salvo del peligro.

Aunque todos nosotros tenemos un grado de discernimiento, algunos creyentes tienen un sentido mayor de discernimiento y encajan en la categoría de personas espiritualmente dotadas con discernimiento. Yo he caminado en este don desde hace muchos años y dependo de él cuando me reúno con las personas. Esto aplica cuando traemos a personas nuevas a nuestro equipo de ministerio o cuando administramos nuestros fondos del ministerio de benevolencia para los pobres. Aunque es muy triste, existen muchas personas que acostumbran robar dinero de la iglesia pretendiendo tener necesidad. El don de discernimiento me ayuda regularmente no solo a guardar y proteger los recursos de Dios, sino también a su rebaño.

Si su hijo tiene el don de discernimiento, él tendrá más materia prima para trabajar con respecto a la toma de decisiones. No significa que su hijo tome las decisiones correctas siempre, sino que tiene una sensibilidad especial dada por Dios para ver y discernir las cosas más allá de lo que la mayoría puede reconocer.

REGALOS DE CUMPLEAÑOS Y DISCERNIMIENTO

El año pasado, en mi cumpleaños, vi que nuestra hija Lily, de ocho años, utilizó el discernimiento que Dios le dio. Durante el último año aproximadamente, yo he comenzado a pensar que es un don legítimo en su vida y en su caminar de fe.

Debido a que me encantan los libros de ficción de J. R. R. Tolkien y leer acerca de la historia de la Edad Media, he coleccionado algunos juguetes ornamentales pintados. Hay dragones, hombres con hachas y caballeros en poses de pelea. Estas figuras están colocadas como en una escena de batalla en una repisa de mi oficina.

Antes de mi cuadragésimo cumpleaños, decidí que necesitaba un nuevo villano para el cuadro. Me encontré con una figura a caballo, de aspecto oscuro, que pensé que encajaría perfectamente. Utilicé mi iPhone para enviarle a mi esposa la fotografía de la figura y se la pedí como regalo de cumpleaños. Sin embargo, mientras enviaba el mensaje tuve la impresión de que no debía pedir esta figura en particular. No estoy diciendo que caía en la categoría de pecado, pero, por alguna razón, sentí un freno en mi espíritu. Simplemente era demasiado oscura.

En mi cumpleaños, mientras abría mis regalos, llegué al que parecía ser la adición horrorosa a la colección. Pero cuando lo abrí, había un caballero blanco de aspecto real sobre un corcel de combate, en lugar de lo que yo esperaba. Cuando le pregunté a Lily la razón, ella me dijo que cuando llegó a la caja con su mamá, Dios le habló a su corazón y le dijo que no me la comprara. Lo que ella escuchó fue exactamente lo que Dios me había dicho.

Aunque existan muchas posibles explicaciones para la experiencia de Lily, yo siento que fue un acto de discernimiento espiritual. Lily tuvo que tomar una decisión con respecto al regalo que me iba a dar. Dios le ayudó a Lily a discernir que lo que yo deseaba, no era lo que Dios deseaba para mí. Gracias a Dios, Lily estuvo más dispuesta que yo a escuchar a Dios al respecto.

Yo dejé de abrir mis regalos de cumpleaños cuando esto sucedió, para confirmar a Lily. Le dije que lo que hizo en obediencia a lo que escuchó, concordaba con lo que Dios había hablado a mi corazón.

Le dije que esa voz espiritual era importante para nosotros como familia. Le dije que pensaba que ese podía ser un indicio del don espiritual de discernimiento en ella, pero que tendríamos que continuar revisando el fruto en su vida para ver si ese era el caso.

Respáldelos en lo que escuchan

Cuando no respaldamos a nuestros hijos en su sensibilidad espiritual o en otros dones, podemos estar dirigiéndolos hacia derrotas importantes en el futuro. Si ignoramos la sensibilidad de nuestros hijos hacia lo que Dios les está diciendo en la quietud de su corazón, ellos comenzarán a dudar de que pueden escuchar a Dios.

Si se condiciona a los niños a creer que esos impulsos tempranos no tuvieron valor, ellos comenzarán a hacer caso omiso de ellos. Como padre usted tiene una tremenda capacidad para modelar el futuro de sus hijos al permitirles saber que usted valora la voz de Dios en su interior. Esto significa que cuando procesen algo que hayan comprendido o escuchado de Dios, usted los tome en serio y los ayude a procesarlo. Esta es la diferencia entre la paternidad de provisión y protección, y el discipulado paternal.

Si sus hijos son como los míos, algunas veces resaltan cosas en su vida que necesitan trabajo y redención. A menudo disciernen cosas que Dios les ha mostrado. Mi tendencia es decirles a mis hijos por qué están equivocados y defenderme, en lugar de recibir lo que han compartido y comenzar a orar por ello. Un ejemplo de esto sucedió cuando Lily me dijo que yo estaba siendo muy duro al disciplinarla. Ella había orado al respecto y más tarde se había acercado para hablar conmigo.

Ella tenía razón y Dios ya me lo había dicho. Lamentablemente, en lugar de recibir lo que ella me dijo, me defendí. Le hice pensar que estaba equivocada y que yo tenía una justificación. Más tarde, me acerqué y me disculpé. Le dije que tenía razón y que Dios me había dicho lo mismo. La respaldé en su capacidad de escuchar correctamente a Dios y le dije que ella era libre de compartir esas cosas conmigo.

Al tomar en serio lo que nuestros hijos disciernen espiritualmente y al valorar sus aportes, les enseñamos que valoramos su voz espiritual. Cuando descubrimos que su comprensión es correcta tenemos una oportunidad de edificar su habilidad de escuchar a su Padre celestial. Esto pagará tremendos dividendos cuando tomen decisiones fuera de los confines de nuestra protección paterna. Eso incluso puede salvar su vida.

Si su hijo posee el don de discernimiento espiritual, él mostrará los siguientes rasgos:

- Puede identificar el carácter de una persona poco tiempo después de conocerla.
- Es difícil de engañar.
- Puede ser el primero de sus hijos que disipe los mitos de Santa Claus o del Conejo de Pascua.
- Puede reconocer la verdad de Dios e identificarla como tal.
- Puede ser más indeciso que otros antes de precipitarse en una situación nueva.
- Está consciente del ataque espiritual o de la presencia de Dios en un lugar.
- Identifica cuando el diablo desea llevar algo a cabo. Esto puede suceder en la manera en que procesa los terrores nocturnos, lo cual es común en muchos niños creyentes.
- Tiene un fuerte sentido de lo que Dios desea que lleve a cabo o no.
- Toma decisiones basadas en un procesamiento interno y externo.
- Es perceptivo y sensible.

Lenguas e interpretación de lenguas

El don de *lenguas* es la habilidad de hablar un lenguaje espiritual dado por Dios destinado para el propósito de edificar a la Iglesia, para la oración personal o para ser comprendido por los no creyentes con el propósito de su salvación. La *interpretación de lenguas* es la habilidad de comprender y comunicar en lenguaje común, el significado de una lengua espiritual hablada por otro miembro del Cuerpo de Cristo.

Las Escrituras nos muestran algunos usos del don de lenguas. Las lenguas son utilizadas para la salvación de otros. Las lenguas también son utilizadas para comunicar revelación al pueblo de Dios y para oración. Aquí tenemos un breve vistazo bíblico de estos escenarios.

Las lenguas para el propósito de salvación

"De modo que el hablar en lenguas es una señal, no para los creyentes sino para los incrédulos; en cambio, la profecía no es señal para los incrédulos sino para los creyentes" (1 Corintios 14:22).

Este uso de las lenguas fue una señal para los creyentes que los llevaría a creer en el mensaje del evangelio de Jesucristo como su Mesías. Hablantes de todos los idiomas reconocieron el milagro de la traducción sobrenatural. Esta señal llevó a muchos al conocimiento salvífico de Cristo. Vemos esto en Hechos 2:

> Judíos y prosélitos; cretenses y árabes: ¡todos por igual los oímos proclamar en nuestra propia lengua las maravillas de Dios!
>
> —Hechos 2:11

Lenguas de revelación para los creyentes

Como los creyentes ya se encuentran en la Iglesia, ellos no necesitan una "señal" que los lleve a la salvación. Debido a esto, las lenguas tienen un fin diferente para ellos. Las lenguas, en el escenario de la Iglesia, están destinadas para ser un método de comunicación. Cuando Dios desea comunicar un mensaje único a cierto grupo de su pueblo o a una iglesia en particular, Él puede elegir llevarlo a cabo a través del don espiritual de lenguas.

Cuando se da una lengua dentro de una comunidad de creyentes, siempre debe ir seguida de su interpretación. El Cuerpo de creyentes debe recibir la interpretación y verificar que sea verdadera según las Escrituras. Pablo habla acerca del uso más efectivo de las lenguas en 1 Corintios 14:6-13:

> Hermanos, si ahora fuera a visitarlos y les hablara en lenguas, ¿de qué les serviría, a menos que les presentara alguna revelación, conocimiento, profecía o enseñanza? Aun en el caso de los instrumentos musicales, tales como la flauta o el arpa, ¿cómo se reconocerá lo que tocan si no dan distintamente sus sonidos? Y si la trompeta no da un toque claro, ¿quién se va a preparar para la batalla? Así sucede con ustedes. A menos que su lengua pronuncie palabras comprensibles, ¿cómo se sabrá lo que dicen? Será como si hablaran al aire. ¡Quién sabe cuántos idiomas

> hay en el mundo, y ninguno carece de sentido! Pero si no capto el sentido de lo que alguien dice, seré como un extranjero para el que me habla, y él lo será para mí. Por eso ustedes, ya que tanto ambicionan dones espirituales, procuren que éstos abunden para la edificación de la iglesia. Por esta razón, el que habla en lenguas pida en oración el don de interpretar lo que diga.[3]

Las lenguas como oración

El último uso bíblico de las lenguas se encuentra en el área de la oración.[4] Pablo menciona este tipo de oración en 1 Corintios 14:4. Esta es una forma sobrenatural de oración que se trata de que el Espíritu de Dios ora a través de nosotros. A menudo sucede cuando la gente no sabe qué orar o está lidiando con una situación importante en su vida. Yo he experimentado esta forma de oración en muchas salas de emergencias. A menudo es utilizada como intercesión por el alma de una persona o cuando se lidia con una opresión espiritual.

> Porque si yo oro en lenguas, mi espíritu ora, pero mi entendimiento no se beneficia en nada.
>
> —1 CORINTIOS 14:14

Tenemos a continuación una historia que me envió mi amiga Stacy vía correo electrónico, acerca de un reciente evento en el que su hijo interpretó una lengua:

> Una noche mientras arropaba a nuestros hijos de cuatro y seis años, mi esposo y yo comenzamos a orar por la salud de nuestro hijo menor. Él había estado muy enfermo y nosotros estábamos orando como siempre una bendición para la hora de dormir, con una petición extra para que Dios lo sanara. Mientras orábamos por él, comenzamos a orar en lenguas en silencio, lo cual no es una práctica normal cuando estamos con los niños; pero sentimos que el Espíritu nos llevó a ello, de manera que lo hicimos. Al orar, nuestro hijo mayor que se encontraba en la parte superior de la litera dijo claramente: "Sé lo que están diciendo". Muy sorprendidos (probablemente debido a cuan extraño es que se ofrezcan interpretaciones), le pedimos que nos dijera. Él dijo con confianza: "Están

> diciendo: 'Dios, echa fuera la enfermedad de Ramón y sánalo'". Mientras orábamos, él continuó ofreciendo interpretaciones que eran coherentes con lo que sentíamos en nuestro corazón.

Yo he visto personalmente el uso efectivo, bíblico y preciso del don de lenguas en algunos niños y he conocido a muchos adultos que dijeron comenzar a hablar en lenguas cuando eran niños. Posiblemente usted o sus hijos sean uno de ellos.

Es posible que su hijo tenga el don de lenguas o de interpretación de lenguas si usted observa este patrón:

- Ha interpretado un mensaje en lenguas dado en la iglesia.
- Habla en lenguas.
- Ora en lenguas.

Conocimiento

El don espiritual de *conocimiento* es doble. Es la habilidad de comprender una profunda verdad espiritual y también es una revelación espiritual de situaciones particulares.

Como maestro de la Palabra de Dios, a menudo confirmo el don de conocimiento. La gente me dice que aprecia la manera en que reconozco aspectos de la Escritura que otros no ven a menudo.

Algunos pueden categorizarlo como una manifestación del don de enseñanza. La enseñanza es la habilidad de transmitir conocimiento a otra persona. El don de conocimiento es la habilidad de comprender o captar una verdad de Dios. De ahí que uno pueda tener el don de conocimiento y ser un mal maestro. Esto no quiere decir que muchos maestros operen en el don de enseñanza y en el don de conocimiento.

Una palabra de conocimiento también sucede cuando Dios comparte con un creyente una revelación sobrenatural respecto de una persona, una situación o un evento, el cual ellos no pueden saber en lo natural. Muchos consejeros cristianos caminan en este don. A menudo, Dios les da la pregunta correcta. Yo experimento este don a menudo cuando oro por la gente. Normalmente, mientras estoy orando, me llega un pensamiento o una impresión acerca de la persona o la situación por la que estoy orando.

Cuando esto sucede, en lugar de decir: "Dios me dijo esto o

aquello", hago preguntas de acuerdo con lo que pienso que Dios me ha revelado: "¿Ha usted luchado con una adicción?", o: "¿Fue criado en un ambiente abusivo?". Al entrar en esta sensibilidad, sabiduría y fe, he visto que estas palabras y esta comprensión da en el blanco y abre puertas para una sanidad mayor. Dicho lo cual, también me he equivocado. La clave es hacer todo en amor y con una comprensión de que es posible que no dé en el blanco.

Una de las razones por la que la gente lucha con este tipo de revelación es porque a menudo se utiliza incorrectamente. Si usted ha pasado tiempo con las personas que dicen: "El Señor dijo esto", entonces sabe lo que quiero decir. He visto a muchas personas hacer mal uso de este don para controlar.

Compartir el conocimiento que se ha recibido en el Espíritu, ya sea en un sermón o con una persona con la que esté orando, siempre debe hacerse con cuidado y con cautela. Esto sucede especialmente si está pisando un territorio desconocido.

A continuación veremos la historia de unos amigos que han experimentado el don de conocimiento con sus hijos:

> Nuestro hijo, desde los tres años, en varias ocasiones ha hecho afirmaciones o declaraciones profundas acerca de alguien o de algo las cuales no corresponden con su edad. Ahora hemos identificado que muchas de ellas han sido "palabras de conocimiento".
>
> La primera [palabra de conocimiento] que puedo recordar fue cuando una familia con la que somos muy cercanos estaba entrando en un periodo de prueba muy severo de su fe. En el centro de la prueba que estaba atravesando la familia se encontraba la necesidad de paz, no solamente para que la prueba terminara, sino una paz profunda, duradera que cambiara su vida en cuanto a sus relaciones mutuas. Mientras desayunábamos una mañana, mi hijo me dijo: "Mamá, viene paz para los Robinson".
>
> Surgió de la nada y el contexto previo no pudo haber producido el pensamiento en su mente esa mañana. Cuando lo dijo, mi espíritu lo recibió como una verdad de parte de Dios. Llamé a mi querida amiga ese día y le dejé un mensaje, transmitiéndole la palabra de mi hijo, confiada de que en verdad era de Dios. Ella se aferró a

> ese mensaje, literalmente, en su correo de voz durante dos años. Y puedo testificar ahora que esa paz, aunque largamente esperada y buscada hasta el cansancio, ha llegado a los Robinson. Amén. [Su hijo acababa de cumplir tres años cuando dijo la palabra de conocimiento].

Si su hijo posee el don de conocimiento, es posible que observe el siguiente patrón:

- Dice cosas profundas que no corresponden con su edad.
- Tiene revelaciones extrañas de la vida de otras personas.
- Comprende profundas verdades bíblicas.
- La verdad o las revelaciones que relata se llevan a cabo.
- Confía en lo que siente estar escuchando de Dios.
- Transmite mensajes que concuerdan con su espíritu.
- Revela cosas acerca de eventos que usted sabe que son verdaderos, pero que no habría manera de que su hijo lo hubiera sabido.
- Tiene revelaciones únicas de la Escritura.

Intercesión/oración

El don de *intercesión/oración* es la habilidad de orar con detalle y con efectividad. Los intercesores se ponen en la brecha. En el libro de Ezequiel vemos que Dios está buscando a alguien dispuesto a ponerse en la brecha:

> Yo he buscado entre ellos a alguien que se interponga entre mi pueblo y yo, y saque la cara por él para que yo no lo destruya. ¡Y no lo he hallado!
>
> —Ezequiel 22:30

Dios estaba buscando a alguien que librara la batalla espiritual de intercesión. Lo que este versículo le está expresando a todo aquel que crea, es que los humanos tenemos la habilidad de cambiar el curso de los eventos humanos a través de nuestras oraciones.

Mateo 16:19 habla acerca de esta habilidad, cuando Jesús le da a Pedro (así como a todos los demás creyentes) las llaves del Reino de los cielos. Estas llaves tienen la habilidad de atar y desatar eventos y consecuencias, no solamente en la Tierra, sino también en el cielo mismo. Ya que no hay límite de edad en el Reino de Dios, esto aplica para sus hijos también.

> Te daré las llaves del reino de los cielos; todo lo que ates en la tierra quedará atado en el cielo, y todo lo que desates en la tierra quedará desatado en el cielo.
>
> —MATEO 16:19

Aunque comprendemos que todos los creyentes tienen esta habilidad, Dios ha llamado a algunos a ir más lejos de lo que todos los creyentes experimentarán en el área de la oración de fe. Estas personas que se ponen en la brecha son el combustible de gran parte de la obra del Reino que vemos a nuestro alrededor todos los días. Creo que sin este ejército de guerreros de oración alrededor del mundo, las tinieblas invasoras que estamos experimentando en la actualidad serían mucho mayores.

Puedo decir con honestidad que estoy vivo hoy, debido a algunos poderosísimos intercesores. En la década de 1980 cuando me marché de casa, rápidamente me enredé en el mundo y con todo lo que ofrece. Al mirar en retrospectiva, ¡sé con absoluta seguridad que Dios me rescató en varias ocasiones, debido a la fidelidad del grupo de oración de mi madre! Si sus hijos se encuentran en una situación similar a la que he descrito de mi vida en el pasado, ¡busque intercesores y suelte a los cazadores del cielo!

La siguiente historia me la envió la esposa de un pastor local. Esta historia nos da un ejemplo de cómo puede lucir este don en los niños:

> Nos encontramos recientemente en una prolongada sesión de oración llena del Espíritu con mis dos hijos antes de la hora de dormir (ellos tienen tres y cinco años respectivamente). Todo comenzó simplemente cuando mi esposo comenzó a orar por la salud de nuestra familia. Mientras oraba, mi hijo mayor comenzó a orar con él. Al poco tiempo, los tres estaban orando por cientos de cosas diferentes en su corazón. Las oraciones que le llamaron la atención a mi esposo fueron las de mi hijo mayor, cuando dijo: "Dios, por favor libera a mi papá del temor de enfermarse". Mientras oraba, parecía como si alguien

golpeara un clavo en su cabeza y el temor fue quebrantado. Entonces comenzó a orar por el mundo. Oró por China, porque acababa de escuchar en las noticias que no estaba de acuerdo con los Estados Unidos. Después oró por los soldados que se encontraban en Irak y en Afganistán, y en particular por los capitanes, por que fueran líderes en batalla conforme a la voluntad de Dios.

Es posible que su hijo tenga el don de intercesión/oración, si usted percibe el siguiente patrón:

- Lo descubre orando cuando usted no lo está viendo.
- Ofrece orar por otros sin forzarlo.
- Está atento durante la oración.
- Inquiere acerca de oraciones que usted ha hecho en el pasado para conocer los resultados.
- Cree que la oración funciona.
- Habla acerca de la oración.
- Pide que oren por él.
- Cuando ora, tiende a orar durante más tiempo que otros niños.
- Muestra emoción durante la oración. Es posible que llore por alguien cuando ora.

Sabiduría

El don espiritual de *sabiduría* le permite al creyente tomar decisiones precisas y oportunas. La sabiduría incorpora revelación de aquello que es verdadero y correcto con una comprensión de cómo implementar ese conocimiento y ponerlo en acción.

La Escritura dice que Salomón, el hijo de David, fue el hombre más sabio que jamás haya caminado sobre la Tierra. Salomón podía ver el meollo del problema. Él podía discernir la verdad. Eso es la sabiduría. La sabiduría es luz y verdad, y es la habilidad de crear caminos rectos para vivir.

> Voy a concederte lo que has pedido. Te daré un corazón sabio y prudente, como nadie antes de ti lo ha tenido ni lo tendrá después.
>
> —1 Reyes 3:12

> Yo te guío por el camino de la sabiduría, te dirijo por sendas de rectitud.
>
> —PROVERBIOS 4:11

Las personas sabias son buscadas. Cuando los desafíos de la vida nos sorprenden, a menudo acudimos a aquellos que son sabios para buscar un consejo. Los creyentes con el don de sabiduría ayudan a guiar a la Iglesia por el camino correcto. Los niños con este don, a menudo son concisos cuando se comunican y tienen un alto respeto por la justicia y la equidad. La que sigue, es una historia de nuestra amiga Sherry. Creo que Sherry sabe que el don espiritual algunas veces puede encontrarse en lugares que no esperaríamos.

> En este punto, Chum (sobrenombre) tiene el don de la discusión. Sé que a algunas personas les pagan muy bien por eso. A esta edad (6 años), continuamos tratando de quebrantar ese espíritu. Como madre, no deseo ver esta característica con negatividad, solo porque sea difícil lidiar con ella.
>
> Chum es fuerte, audaz y fiel, ella reacciona primero y hace preguntas más tarde. ¡Tiene un fuerte sentido de la justicia y la injusticia! Estas características pueden manifestarse en maneras desagradables cuando los niños son pequeños. Pero no significa que no puedan convertirse en rasgos "apetecibles" más tarde. Pero, otra vez, no tengo claro lo que significa "don".

Debido a que el apóstol Pablo no escribió un libro separado acerca de cómo son los dones espirituales, nosotros mismos tenemos que descubrirlo. Yo diría que con respecto a los dones espirituales, la Biblia es más una brújula que un mapa. La Biblia nos dice qué son los dones espirituales, pero no nos da una lista detallada de cómo definir exactamente estos dones en todas las personas. Tenemos que buscar, explorar y probar. Evidentemente, ese es el enfoque de este libro. A estas alturas, espero que esté usted siendo equipado y liberado para comenzar a explorar los dones espirituales de sus hijos.

En el correo electrónico que usted acaba de leer, Chum parece tener un poco de la materia prima de la sabiduría. Aunque discutir no siempre es un buen rasgo, esto puede describir a una persona que desea ir al fondo de las cosas para encontrar la verdad o la mejor respuesta. Chum tiene igualmente una sensación de lo justo y lo injusto. ¿No es eso lo que le preocupa a los jueces sabios?

Aunque no puedo decir con seguridad que Chum tenga el don de sabiduría, ella al menos está mostrando lo suficiente del don para comenzar a probarlo. Una manera de hacerlo, sería ofrecerle a Chum más oportunidades de tomar decisiones sola. Como padres, a menudo no lo hacemos bien. En cambio, nos encanta dar sabiduría. Mi desafío para Steve y para Sherry será crear oportunidades para que Chum tome decisiones que desarrollen su habilidad para proseguir a lo correcto.

Otra manera de hacerlo es presentarles problemas de la vida real a sus hijos, para que ellos digan qué harían. Posiblemente exista un problema en la escuela en el que el liderazgo esté buscando una solución. Posiblemente usted tenga un problema familiar que necesite ser resuelto. ¿Por qué no pedirles a sus hijos que piensen al respecto y ver si las respuestas muestran sabiduría? Si lo hacen, usted puede estar tratando con un niño con el don espiritual de sabiduría.

La *palabra de sabiduría* algunas veces es vista como un don carismático, pero a menudo vuela bajo el radar de las iglesias conservadoras. Muchos cristianos tradicionales ofrecerán una palabra de sabiduría de la misma manera que un creyente pentecostal se atrevería a dar una revelación de conocimiento o de sabiduría que viene directamente del Espíritu Santo. Pero en lugar de decir que la obtuvieron de Dios, simplemente la envuelven en una forma que parezca un consejo sólido que surgió de un tiempo de oración. Ellos no lo saben, pero en realidad están mostrando una comprensión carismática de ese don. Habiendo crecido en una denominación carismática, puedo ver en retrospectiva varias ocasiones en que los creyentes caminaban en un modo carismático. Simplemente no sabían que lo estaban haciendo.

Es posible que su hijo tenga el don de sabiduría, si usted observa o percibe este patrón:

- Aplica la verdad espiritual a situaciones de la vida. Esto significa que su hijo toma como referencia la verdad de Dios en la Biblia cuando toma decisiones.
- No se paraliza ni se precipita al tomar una decisión.

- Cuando una persona tiene un problema, él guía a la persona hacia la mejor solución bíblica.
- Los amigos le piden soluciones.
- Sus decisiones resultan salir bien.
- Proporciona respuestas correctas a problemas complicados.
- Está cómodo sopesando muchas posibles respuestas sin quedar abrumado.
- Es un buscador de la verdad.
- Su corazón busca la justicia y la equidad.
- Le gusta escuchar ambos lados de la historia antes de tomar una decisión.
- No toma muchas decisiones rápidas e impulsivas.

PROFECÍA

El don espiritual de *profecía* es la habilidad de comprender los propósitos futuros de Dios y sus planes para su pueblo.

Creo que todos estaríamos de acuerdo en que Dios dirige a su pueblo. En el pasado, eso sucedía a través de los líderes que Dios ordenaba, tales como profetas y jueces, quienes comunicaban la revelación de Dios. Estos hombres y mujeres eran los que predecían el futuro. Ellos no siempre comprendían todo lo que el Señor estaba comunicando a través de ellos, pero siempre podían ver con precisión una parte de los planes y del futuro que tenía Dios para su pueblo, y ser los portavoces del Señor.

La profecía bíblica a través de los profetas escogidos por Dios está separada de los otros tipos de profecía, debido a que es perfecta en su revelación. Este tipo de profecía ya no está disponible para nosotros, ya que el canon de la Escritura está cerrado; pero existe una forma diferente de profecía que está disponible. Ahora, *todo* creyente tiene la Palabra registrada de Dios (la Biblia) como el plano de la voluntad general de Dios y al Espíritu Santo morando en nuestro interior para guiarnos en situaciones específicas. Debido a que Dios guía a su pueblo a través de su Palabra y a través del Espíritu Santo, nos pone al tanto de la revelación más general y nos muestra qué planes son para nuestra vida individual o para el futuro de una iglesia en particular, o de un grupo de personas. Yo diría que si usted busca a Dios para conocer el futuro, usted cree en la profecía.

El Señor no está limitado por la manera en que nos da a conocer nuestro camino futuro. Algunas veces, un versículo oportuno le dará una pista de los planes venideros que Dios tiene para usted. Otras veces, usted puede tener un sueño o puede acercársele un amigo que siente que el Señor le ha dado alguna revelación para su futuro. Posiblemente su hijo hablará acerca del futuro con una sensación de autoridad que hace eco en su alma.

Dicho lo cual, debo abordar la tensión entre aquellos que ven la profecía como producir en lugar de predecir. El siguiente artículo aborda este tema:

> El verbo "profetizar" significa "hablar antes" (del griego *pro*, antes y *phemi*, hablar). El don incluye tanto el área de predecir como de producir, pronosticando el futuro y predicando. Un profeta era el portavoz de Dios: él hablaba por Dios y daba su mensaje. Algunas veces ese mensaje hablaba respecto del futuro. Otras veces, concernía al presente, incluso el pasado o simplemente la verdad doctrinal, pero siempre era la expresión del mensaje de Dios.
>
> En este punto surge controversia. El renovado interés y la investigación actual de los dones espirituales en la actualidad, ha visto a muchos no carismáticos redefinir el don de profecía. Los carismáticos, desde luego, admiten fácilmente la reveladora naturaleza de este don y afirman su existencia en la actualidad. Algunos de los no carismáticos modernos, han definido el don de otra manera, esto resulta en una interpretación que permite el don de profecía en la actualidad, pero cuyo sentido no es de revelación. Ellos aseveran que el don de profecía representa solamente la habilidad de hablar por Dios, de predicar; no necesariamente, dicen ellos, es un don de revelación, sino más bien la habilidad de predicar la Palabra de Dios con gran poder y profundidad.
>
> El problema puede encontrarse en forma de dos preguntas: (1) ¿Es permitido de acuerdo con las Escrituras limitar el don a solamente producir (a diferencia de la profecía de predicción)?; y, (2) ¿En esa producción no hay revelación? Es decir, ¿es simplemente la habilidad de exponer una verdad previamente revelada? De manera que la cuestión que debemos aclarar desde el principio es de definición.[5]

Probar las palabras de profecía

Karie y yo hemos experimentado estos tipos de profecía muchas veces. Mi llamado personal al ministerio, nuestra misión familiar en Australia, incluso los nacimientos de nuestras hijas, fueron anunciados antes de que sucedieran.

Para nosotros, la prueba siempre se ha manifestado en la evaluación y la confirmación de estas palabras. Como lo dije, otros creyentes pronosticaron ambos nacimientos de nuestros hijos. Esto fue un paso riesgoso para nuestros amigos, porque tuvimos dificultades para que mi esposa quedara embarazada.

En lo concerniente a recibir lo profético en nuestra vida, Karie y yo siempre hemos empleado el siguiente plan de ataque para determinar su veracidad. En primer lugar, ¿la palabra o el mensaje recibido viola la verdad bíblica en alguna manera? De ser así, la echamos al cubo de la basura. En segundo lugar, comenzamos a purificar la palabra en oración. Finalmente, le pedimos a Dios que nos lo confirme. Le pedimos a Dios que nos guíe en la verdad.

Karie y yo siempre procedemos con cautela con lo profético. Yo exageré cuando comencé a experimentar este don en mi propia vida. Tomé muchas decisiones poco sensatas mientras trataba de seguir aquello que se presentaba como palabras de Dios. Después de quemarme y, posiblemente de quemar a otros en el proceso, aprendí a ser más sabio en la manera en que trataba con esas palabras.

He recibido cientos de palabras con los años, de parte de otros creyentes. Algunas se han repetido desde que tenía doce años de edad, a través de muchas personas diferentes y en distintos países. No han sido profecías en el estricto sentido bíblico, sino palabras espirituales de esperanza, dirección y ánimo que Dios ha utilizado para llevarme adelante en mi caminar con Él.

He visto muchas de estas palabras cumplidas en mi vida a lo largo de mi caminar en la vida de la fe; otras nunca echaron raíces. Una cosa es cierta: nunca he construido una teología sobre estas palabras; en cambio, oro, escucho, espero, pruebo estos posibles murmullos de Dios. El cumplimiento de muchas de estas palabras ha fortalecido grandemente mi fe.

Tenemos otra historia de nuestros buenos amigos Ryan y Stacy, quienes han experimentado un don profético en sus hijos:

Una vez, nos encontrábamos en una temporada de larga espera por una nueva casa lo suficientemente grande para nuestra familia creciente. Después de dos años de espera, de oración y de morir a nuestros propios planes y deseos, el reloj parecía estar abandonándonos. Una noche, era viernes santo, y estábamos orando por los niños, porque una tormenta eléctrica los había asustado. De la nada, mi hijo me dijo: "Mamá, voy a necesitar mi BlueAzul (el código para su manta de seguridad) y mi iguana, porque nos vamos a mudar pronto". Lo dijo como un hecho o incluso como una promesa. En una semana, nos contactaron de la casa en renta por la que habíamos estado orando fervientemente durante meses. En menos de 30 días, nos habíamos mudado a esa misma casa. (Mi hijo tenía tres años y tres meses de edad).

Otra vez en que experimentamos a Dios hablándole a nuestro hijo, sucedió cuando nos encontramos con unos amigos en la iglesia. Cuando salimos, nuestro hijo dijo: "Mamá, Anna [su unigénita] tiene una hermana bebé". Lo miré extrañada y dije: "¿Cómo? Ella no tiene hermanas". Él dijo: "Sí, su mamá tiene una en la pancita". Para entonces, yo había aprendido a tomar nota de sus declaraciones peculiares. Al igual que con las otras palabras, no surgió en el contexto de una conversación sobre el tema, por lo que al parecer vino de la nada. Yo me aferré a ella y esperé para ver lo que resultaba. Efectivamente, seis semanas después, ¡estos amigos anunciaron que ella estaba embarazada! De hecho, el día que mi hijo me lo dijo, ellos no lo sabían todavía. Y cuando nació el bebé, ¡fue niña!

Fuera de la caja

De acuerdo, sé que historias como esta se encuentran bastante afuera de su caja espiritual. Está bien. No existe algún mandato espiritual que afirme que tenga que aceptarlo. Lo que yo esperaría que haga, es que preste más atención a las declaraciones de su hijo acerca de Dios y de sus obras en el mundo. Si puede hacerlo, entonces está sección será increíblemente valiosa para usted, incluso si no acepta algunos de los ejemplos más fantásticos. El punto es el siguiente: *Dios dirige y les habla a los niños, y habla a través de ellos.*

Es posible que su hijo tenga el don de profecía si observa el siguiente patrón:

- Ofrece revelaciones del futuro que suceden.
- Puede ver el producto terminado de Dios en otra persona. Tiene la habilidad de ver el potencial de la persona que no se muestra ahora.
- Sueña acerca de eventos futuros.
- Puede ver cómo ciertas porciones de la Escritura corresponden a eventos futuros.

9

La voz de las buenas nuevas

Los dones de evangelismo

Todos somos misioneros. Adondequiera que vamos acercamos a la gente a Cristo o la alejamos de Cristo.

—Eric Liddell

Categoría 5 de los dones espirituales: Salvación
Evangelismo, fe, milagros, lenguas, misiones

Me convertí en un evangelista ambulante cuando le volví a entregar mi vida a Jesús a los 19 años. Recorría las calles y los muelles de San Diego, California, buscando conversos; una vez incluso llevé a un imitador de Elvis a Cristo, mientras le ofrecía llevarlo a casa.

En retrospectiva, no estoy seguro de si tenía el don de evangelismo o si solo tenía entusiasmo. Sea lo que fuera, la gente estaba siendo salva. En los años posteriores a ello me convertí en un cristiano profesional. Me pagan por ser creyente. Ahora, en lugar de ir al centro de la ciudad con un grupo de amigos para alcanzar a proxenetas y a prostitutas con las buenas nuevas de Jesucristo, voy a congresos que se llevan a cabo en lindos hoteles y hablo de formas culturalmente relevantes para evangelizar a una cultura moderna, experta en tecnología.

Aunque eso suene pútrido, eso es lo que sucede a menudo cuando pasamos mucho tiempo pensando en Dios y en el llamado que nos dio en Mateo 28:19-20; en lugar de ser sus manos, sus pies y su voz en un mundo quebrantado. Créame, estoy intentando lo mejor que puedo recuperar lo que he perdido. Gracias a Dios, en algún lugar en los confines de mi alma, existe un muchacho loco de 19 años, recién liberado de las drogas y locamente enamorado de Jesús, quien está gritando a todo pulmón por recordar esos días.

Todos los dones de evangelismo que se mencionan en este capítulo tienen una participación importante para ganar almas. Aunque no todos estos se utilizan siempre con ese propósito—los milagros, por ejemplo—, cada uno de ellos se utiliza para llevar a la gente de las tinieblas a la luz de la fe.

EVANGELISMO

El don espiritual de *evangelismo* es la habilidad de compartir con audacia el mensaje de salvación, de manera clara, concisa y eficaz. Los evangelistas no solamente comparten el evangelio, sino también se aseguran de que las personas tomen una decisión por Cristo.

Estoy seguro de que todos tenemos claro el hecho de que cuando lleguemos al cielo, no podremos mostrar la tarjeta de "Yo no tenía el don de evangelismo". Todos estamos llamados no solamente a compartir el evangelio, sino también a discipular a los demás en una fe firme y sostenible. Como padre, su audiencia principal son sus hijos. ¿No es curioso que parezca que todos tenemos el don de evangelismo cuando se trata de alcanzarlos a ellos? Todos llevamos a cabo un esfuerzo coordinado al asegurarnos que nuestros hijos conozcan a Jesús. Esto se debe a que ellos nos importan. Piense en cómo cambiaría el mundo si pudiéramos transferir este mismo cuidado y preocupación hacia todos los que nos rodean. El mundo y el mal no triunfarían.

En 1979, mientras se encontraba de rodillas frente a un viejo televisor, mi madre se arrodilló, colocando su mano sobre la pantalla, mientras Billy Graham hacía una oración de salvación. Cuando pensamos acerca del evangelismo, nuestra mente se conecta con los Billy Graham, los John Wesley y los Luis Palau de este mundo. Estos hombres, y muchas mujeres junto con ellos, parecen tener una habilidad única para llamar a aquellos que se encuentran a las puertas del infierno.

Estoy convencido de que uno de los testigos evangelizadores más poderosos del mundo en la actualidad son los niños que creen en Jesús. ¿Alguna vez ha conocido a un niño evangelista? Yo he conocido a muchos. Ellos son niños que invitan a todos sus amigos a la iglesia, hablan de Jesús en el momento adecuado y a menudo avergüenzan a sus padres.

Nuestros amigos, Sean y Lisa, son padres de uno de estos evangelistas. ¿Recuerda a Jaden, la niña de nueve años de quien le hablé previamente en este libro? Jaden no puede dejar de decirles a todos cuanto puede acerca de las buenas nuevas de Jesús. Jaden no es solamente una evangelista, sino también una apologista. Ella se involucra en unos debates realmente buenos con sus amigos en la escuela y, a menudo, llega a casa buscando respuestas y regresa de nuevo con nueva información. Otros amigos nuestros han recibido llamadas de los padres, pidiéndoles que se controlen, molestos de que sus hijos escuchen acerca del infierno y del amor de Jesús en el patio de recreo.

Debido a que la mayoría de los padres no sabe cómo animar o pastorear este don, es posible que ellos lo ignoren o lo consideren algo lindo, en lugar de aprender y ayudar a sus hijos a desarrollar su llamado de evangelistas. Esto podría llevarse a cabo fácilmente al leerles a sus hijos relatos de algunos grandes evangelistas o pasando tiempo orando y soñando con su hijo maneras en que pueden alcanzar a sus amigos. En cambio, la chispa muere a menudo, debido a que el fervor evangelista se encendió con mucha anticipación y nunca se le añadió combustible para avivar su fuego.

Es posible que su hijo tenga el don de evangelismo, si usted observa el siguiente patrón:

- No teme hablarles a los demás acerca de Jesús.
- Comparte el evangelio con amigos.
- Otros padres lo han llamado a usted y le han pedido que hable con su hijo acerca de sus prácticas de evangelismo.
- Siente una carga por los perdidos.
- Le preocupa que otros vayan al infierno y, posiblemente, hace preguntas regularmente acerca del infierno y la salvación.
- Comprende la consecuencia del infierno en una manera más profunda que la mayoría de los niños.
- Ha llevado a un amigo a Cristo.
- A menudo invita a sus amigos a la iglesia.
- Puede articular el evangelio con claridad.
- Debate asuntos de la fe con otros creyentes.
- Llora por los perdidos.
- Experimenta gran gozo cuando alguien es salvo.

FE

El don espiritual de *fe* es una fuerte creencia en las promesas y los propósitos de Dios. Es la habilidad de creer en las cosas que no se ven. Hebreos describe la fe como no solamente creer en las cosas que no vemos, sino como estar seguro de ellas:

> Ahora bien, la fe es la garantía de lo que se espera, la certeza de lo que no se ve.
>
> —HEBREOS 11:1

La fe que Dios da es una de las fuerzas más poderosas del universo. Tiene el poder no solamente de mover montañas, sino de cambiar destinos. Es a través de la fe que podemos estar eternamente seguros. Los creyentes con el don de fe, a menudo muestran esa fe para la salvación de los demás, creen en Dios para la salvación del alma de los demás.

La fe es una forma de poder espiritual. Este poder no es algo que podamos crear nosotros mismos, más bien surge de Dios cuando abrimos los canales de la credulidad y la confianza.

Piénselo de esta manera: la fe es un conducto. Todo el poder de Dios, el poder para sanar, salvar y llevar a cabo todo tipo de cosas, está disponible para nosotros en Él. Tal como un interruptor, este poder se libera cuando salimos del camino y encendemos el interruptor de la fe. Cuando mostramos fe, esta es la plenitud de sumisión y confianza en un Dios que es más grande que nosotros mismos. La fe es dejar nuestro poder y tomar el suyo.

Cuando salimos de lo natural y entramos en la fe que cree, le estamos entregando las riendas a Dios. Cuando esto sucede, los canales están abiertos para que Dios se mueva y obre en poder. La fe es entonces, más un acto de sumisión que una obra de la carne. Salga del camino y crea en la capacidad que Dios tiene de obrar poderosamente, y estará caminando en fe. ¡Observe lo que sucede!

Comprender y crear una fe duradera como de niño

Uno de los milagros de la creación es que Dios nos programó para la fe. Todos nacimos con una inclinación a creer sin necesidad de recibir pruebas. La habilidad de recibir el Reino de Dios como un niño, a menudo se le llama "tener fe como de niño" y es algo altamente valorado en el Reino del cielo. Aquí tenemos lo que Jesús dijo al respecto:

> Empezaron a llevarle niños a Jesús para que los tocara, pero los discípulos reprendían a quienes los llevaban. Cuando Jesús se dio cuenta, se indignó y les dijo: "Dejen que los niños vengan a mí, y no se lo impidan, porque el reino de Dios es de quienes son como ellos. Les aseguro que el que no reciba el reino de Dios como un niño, de ninguna manera entrará en él". Y después de abrazarlos, los bendecía poniendo las manos sobre ellos.
>
> —Marcos 10:13-16

Debido a esta habilidad de ser como niño, la infancia temprana es una oportunidad única para ayudar a nuestros hijos a edificar una fe fuerte. Yo diría que algunos de los cristianos más eficaces, son aquellos que aceptaron el Reino y todas sus consecuencias cuando eran niños, y más tarde fueron discipulados y alimentados por sus padres en una fe sostenible y madura. Hablo acerca de este proceso en mi primer libro, *Give Your Kids the Keys* [Deles a sus hijos las llaves].

La prueba de nuestra fe

Uno de los desafíos que los padres enfrentan al discipular a los niños sucede cuando ellos comienzan a llegar a una edad de comprensión y de razonamiento. Es en este punto decisivo que los niños comprenden que todo lo que creen no se da automáticamente. Cuando esto ocurre, la creencia de muchos niños y adultos se tambalea.

Lo primero que necesitamos comprender es que cada vez que nuestros hijos se enfrentan con un obstáculo en su fe, también se les proporciona la oportunidad de crear una fe más sostenible. Después de todo, es en esa prueba de nuestra fe que aprendemos a perseverar. Si usted intenta eliminar toda la duda en sus hijos, todas las luchas que surgen al creer, usted en realidad estará desestabilizando su caminar de fe.

> Pues ya saben que la prueba de su fe produce constancia.
>
> —Santiago 1:3

Una de las razones por las que la gente pierde la fe en los momentos de prueba es porque han puesto su esperanza en el don en lugar de en el Dador. Nunca somos llamados a creer en el resultado de cualquier oración, sino en Aquel que nos otorga los resultados de la oración. Esto significa que cuando creemos que se moverá una montaña, en realidad estamos creyendo en Aquel que puede mover la montaña, en lugar de concentrarnos en intentar formar la suficiente fe percibida para hacer que se mueva la montaña. Ese último tipo de fe se trata más de concentración mental que de la confianza que trae el Reino.

Al criar a nuestros hijos para que tengan una gran fe, debemos asegurarnos de discipularlos, para que no se pongan a planear la manera en que quizá sucedan las cosas. Los resultados dependen de Dios. La fe que atrae el Reino, siempre pone su mirada en el hacedor de milagros y acepta los resultados con la perspectiva de Romanos 8:28:

> Ahora bien, sabemos que Dios dispone todas las cosas para el bien de quienes lo aman, los que han sido llamados de acuerdo con su propósito.
>
> —ROMANOS 8:28

Los niños creyentes con el don de fe tienen una mayor habilidad que otros creyentes, para creer en lo que no pueden ver o para creer en una imposibilidad terrenal. Estos niños cristianos no atesoran los resultados que ven sus ojos y miran hacia el cielo con esperanza.

Es posible que su hijo tenga el don de fe, si usted ve este patrón:

- Afirma creer en la capacidad de Dios.
- Ora por milagros y cree en ellos.
- Muestra esperanza cuando otros dudan.
- Tiende a ser más optimista acerca de la vida.
- Toma la Palabra de Dios en serio.
- A menudo les habla de esperanza a los demás.
- Es valiente en situaciones difíciles o tiende a caminar audazmente.
- Está dispuesto a tomar proyectos más grandes y difíciles que pueden hacer que los demás duden.
- Confía increíblemente.

MILAGROS

El don espiritual de *hacer milagros* es la habilidad de asociarse con Dios para ver el poder sobrenatural influir en el orden natural de las cosas. Los milagros son una gran parte de ser cristiano. Cuando Dios influye en el orden natural de las cosas para manifestar su voluntad, hemos experimentado un milagro. La habilidad de asociarse con Dios en estos eventos, se puso a disposición de todos los creyentes después de la impartición del Espíritu Santo en Pentecostés (ver Hechos 2).

> Ciertamente les aseguro que el que cree en mí las obras que yo hago también él las hará, y aun las hará mayores, porque yo vuelvo al Padre.
>
> —JUAN 14:12

Los milagros suceden por muchas razones. Jesús utilizó los milagros como un testimonio evangelizador de su poder. Estas obras de poder estaban destinadas para estimular la fe de salvación. Cristo también utilizó los milagros para llevar misericordia y consuelo a los quebrantados. La misericordia y el consuelo son las dos razones principales para utilizar milagros en nuestro contexto moderno.

- *Milagros para salvación*: "Pero si las hago, aunque no me crean a mí, crean a mis obras, para que sepan y entiendan que el Padre está en mí, y que yo estoy en el Padre" (Juan 10:38). "Créanme cuando les digo que yo estoy en el Padre y que el Padre está en mí; o al menos créanme por las obras mismas" (Juan 14:11).
- *Milagros y compasión*: "Cuando Jesús desembarcó y vio a tanta gente, tuvo compasión de ellos y sanó a los que estaban enfermos" (Mateo 14:14). "Jesús se compadeció de ellos y les tocó los ojos. Al instante recobraron la vista y lo siguieron" (Mateo 20:34).

Los creyentes que tienen el don de hacer milagros, no son hacedores de milagros; sino conductos del poder de Dios. Aunque todos los creyentes tienen a su alcance el poder de hacer milagros, si Dios lo desea, los cristianos con el don de hacer milagros son aquellos a quienes Dios ha elegido para obrar a través de ellos con más frecuencia que los demás.

Algo que debemos comprender acerca del don de hacer milagros es que se trata más bien acerca de la disponibilidad que el creyente tenga para actuar en el tiempo de Dios, que de su voluntad para poseer algún tipo de poder sobrenatural por sí solo. A diferencia del súperhombre y la súpermujer, los hacedores de milagros son creyentes normales que Dios ha decidido utilizar como herramienta para implementar sus obras de poder, evangelismo y compasión, en maneras que van más allá de lo ordinario. Vemos este principio en la vida del apóstol Pablo:

> Dios hacía milagros extraordinarios por medio de Pablo.
>
> —HECHOS 19:11

Los milagros sucedieron "por medio" de Pablo, no por causa de Pablo. Entre más caminemos en fe y le pidamos a Dios que vaya más allá de lo que definimos como el orden normal de las cosas, más oportunidad tendremos de permitir que sucedan milagros y más oportunidad tendremos de ser conductos de su poder.

En la Escritura vemos cuatro tipos principales de milagros:

1. Milagros sobre la naturaleza:

- "En la madrugada, Jesús se acercó a ellos caminando sobre el lago" (Mateo 14:25).
- "Los discípulos fueron a despertarlo.—¡Maestro, Maestro, nos vamos a ahogar!—gritaron. Él se levantó y reprendió al viento y a las olas; la tormenta se apaciguó y todo quedó tranquilo" (Lucas 8:24).

2. Milagros de provisión:

- "Pero, para no escandalizar a esta gente, vete al lago y echa el anzuelo. Saca el primer pez que pique; ábrele la boca y encontrarás una moneda. Tómala y dásela a ellos por mi impuesto y por el tuyo" (Mateo 17:27).
- "—Hagan que se sienten todos—ordenó Jesús. En ese lugar había mucha hierba. Así que se sentaron, y los varones

adultos eran como cinco mil. Jesús tomó entonces los panes, dio gracias y distribuyó a los que estaban sentados todo lo que quisieron. Lo mismo hizo con los pescados. Una vez que quedaron satisfechos, dijo a sus discípulos:— Recojan los pedazos que sobraron, para que no se desperdicie nada. Así lo hicieron, y con los pedazos de los cinco panes de cebada que les sobraron a los que habían comido, llenaron doce canastas. Al ver la señal que Jesús había realizado, la gente comenzó a decir: 'En verdad éste es el profeta, el que ha de venir al mundo'" (Juan 6:10-14).

3. Milagros de sanidad:

- "El padre de Publio estaba en cama, enfermo con fiebre y disentería. Pablo entró a verlo y, después de orar, le impuso las manos y lo sanó" (Hechos 28:8).
- "—¡Déjenlos!—ordenó Jesús. Entonces le tocó la oreja al hombre, y lo sanó" (Lucas 22:51).

4. Milagros sobre fortalezas demoníacas (esto se menciona como un don de evangelismo, ya que libera a las personas de la esclavitud, que de otra manera obstaculizaría la salvación):

- "También de los pueblos vecinos a Jerusalén acudían multitudes que llevaban personas enfermas y atormentadas por espíritus malignos, y todas eran sanadas" (Hechos 5:16).
- "De muchos endemoniados los espíritus malignos salían dando alaridos, y un gran número de paralíticos y cojos quedaban sanos" (Hechos 8:7).

Tengo más de veinte años en el ministerio y he visto personalmente estos cuatro tipos de milagros. Mientras caminaba por las montañas de Hong Kong con un grupo de estudiantes de preparatoria, una chica de nuestro grupo fue picada por una avispa. Ya que era alérgica a los aguijones, inmediatamente entró en estado de choque y apareció una grande protuberancia en su brazo. Estaba sudando profusamente y cada vez se hinchaba más.

Nos encontrábamos a kilómetros de la ayuda y todo lo que podíamos hacer era orar. Nos reunimos a su alrededor, le impusimos manos y comenzamos a pedirle a Dios que la sanara. De inmediato, el sudor y el jadeo comenzaron a ceder, y ella comenzó a estabilizarse. Aún así, el verdugón continuaba en su brazo. Animados, oramos de nuevo, esta vez específicamente por la grande protuberancia de su antebrazo. Mientras orábamos, desapareció. Cuando quitamos nuestras manos de su brazo, solamente había un pinchazo. ¡Ella fue sanada! Así que continuamos caminando.

Aunque este ejemplo en particular también podría clasificarse bajo la categoría de don de sanidad, solamente fue uno de muchos milagros que experimentamos en ese viaje. Otro evento dramático sucedió cuando uno de los miembros de nuestro equipo estaba predicándole a un grupo de personas que no podía escuchar la enseñanza, debido a una lluvia impetuosa que estaba golpeando fuertemente el techo de lámina sobre nosotros. Era el tipo de lluvia estruendosa que solamente he experimentado en los trópicos.

El ponente sintió que Dios estaba hablándole a su corazón mientras predicaba y animándolo a ordenarle a la lluvia que se detuviera. Extrañamente, este pensamiento surgió con un tipo de ira santa, debido al hecho de que la Palabra de Dios estaba siendo obstaculizada. De la nada, le gritó a la lluvia: "¡Lluvia, cesa, en el nombre de Jesús!". ¡Bam! Así nada más, se detuvo la lluvia. Y no me refiero a que poco a poco dejó de llover, se detuvo. Hasta hoy, nunca he visto que tanta lluvia se detenga inmediatamente. Fue como si un cuchillo filoso hubiera cortado la lluvia y se hubiera caído al suelo de la misma manera que caería una cubeta de agua si se arrojara desde el cielo.

La gente que estaba sentada lo suficientemente cerca para escucharlo ordenarle a la lluvia que cesara, quedó impactada. Yo también estaba impactado. Él dijo asombrado: "¿Vieron eso?". Él estaba estupefacto, tal como el resto de nosotros. La parte magnífica de la historia es que salió el sol y la predicación y la enseñanza de la Palabra de Dios pudieron ser escuchadas por la gente que lo necesitaba. ¡Fue una experiencia asombrosa!

Es posible que su hijo tenga el don de hacer milagros, si usted ha observado el siguiente patrón:

- Ha orado, creído y posiblemente experimentado la provisión de Dios.
- Ha orado por alguien y lo ha visto sanar.

- Ora con efectividad por los lugares y la gente que están anegados en la oscuridad espiritual.
- Ha orado y creído por un milagro en la naturaleza.

Las lenguas como un don para evangelizar

El don espiritual de *lenguas* les es dado a los creyentes con el propósito de comunicarle el evangelio a la gente en un lenguaje diferente. En el libro de los Hechos vemos que el evangelio fue transmitido a través del uso de las lenguas. En Hechos 2, cuando el Espíritu Santo descendió sobre el pueblo de Dios, ellos comenzaron a hablar lenguas extrañas. Los visitantes de otros países que habían llegado a Jerusalén para la fiesta, comprendieron estas lenguas.

> Estaban de visita en Jerusalén judíos piadosos, procedentes de todas las naciones de la tierra. Al oír aquel bullicio, se agolparon y quedaron todos pasmados porque cada uno los escuchaba hablar en su propio idioma. Desconcertados y maravillados, decían: "¿No son galileos todos estos que están hablando? ¿Cómo es que cada uno de nosotros los oye hablar en su lengua materna? Partos, medos y elamitas; habitantes de Mesopotamia, de Judea y de Capadocia, del Ponto y de Asia, de Frigia y de Panfilia, de Egipto y de las regiones de Libia cercanas a Cirene; visitantes llegados de Roma; judíos y prosélitos; cretenses y árabes: ¡todos por igual los oímos proclamar en nuestra propia lengua las maravillas de Dios!".
>
> —Hechos 2:5-11

He escuchado a muchos misioneros que han experimentado esto cuando han ido a otras culturas. Una de las historias más dramáticas fue la de un misionero que fue a Nueva Guinea y pudo comunicarse inmediatamente en el lenguaje de la gente de la tribu, después de llegar a su aldea por primera vez.

Es posible que sus hijos posean el don de lenguas, si usted observa este patrón:

- Habla en lenguas.
- Una persona ha sido salva debido a la utilización de las lenguas.

- Ha adquirido un lenguaje mientras ministra a un grupo de personas extranjeras.

MISIONES

El don espiritual de *misiones* es el deseo y la habilidad que Dios da de ministrar efectivamente en una cultura o subcultura extranjera.

En 2004, Karie, Lily y yo vendimos nuestra casa, empacamos todo y nos dirigimos a Australia, con la intención de vivir y ministrar ahí en el futuro imprevisto. Después de un año de ministerio asombroso y con nuestro matrimonio atravesando una etapa difícil, decidimos que era tiempo de regresar a casa. Para nosotros, la familia viene después de Dios, pero va antes del ministerio.

Comenzamos a sentirnos abrumados por una carga por Australia y su gente antes de dejar los Estados Unidos para ir a vivir a Australia. Era una carga que incluso sobrepasaba nuestro llamado al ministerio en California. Entre más orábamos y nos movíamos en fe hacia la meta de vivir en Australia, más grande era nuestro deseo de ver que la nación experimentara un avivamiento. Vivir en Estados Unidos se estaba tornando extremadamente difícil mientras aumentaba esa carga.

Aunque es posible que un día terminemos viviendo en Australia, ahora no siento la misma carga que sentí en 2004. En la actualidad continúo procesando el llamado al ministerio en mi vida. ¿Karie y yo tenemos el don espiritual de misiones o esta solamente fue una temporada de nuestra vida y de nuestra carrera en el ministerio? Todavía no estoy seguro.

Los misioneros permanentes son una raza asombrosa. Estos son creyentes que se sienten más cómodos en una cultura que no es la suya. Tienen una gran carga por otra cultura y por su gente, que los lleva en fe a superar las dificultades y los desafíos que enfrentan en el campo.

¿Un misionero de tres años?

Karie y yo nos encontramos ahora en una etapa en que estamos probando el don de misiones en la vida de nuestra hija Lucy, de tres años. Esto se debe a que hemos sentido que Dios puede tener un futuro en las misiones para ella.

Dios nos ha hecho conscientes de muchas posibles pistas, al estar probando en oración este posible llamado. A continuación le daré algunas que pueden proporcionarle una clara visión de cómo procesar este don en sus hijos.

Lucy se desplaza constantemente. Si no la vigilamos, ella desaparece. Ella no lo hace en desobediencia, simplemente explora y no teme perderse. Sé que esto suena como una manera extraña de ver un don misionero en mi hija; pero, ¿no es lo que hacen los misioneros? Los misioneros no temen desplazarse. Lucy no es una niña controlada por el temor. Recuerde que incluso las cosas que hacen los niños, que nosotros no apreciamos, tales como desplazarse solos, pueden apuntar a alguna obra más profunda de Dios.

Lucy es muy buena para aprender de oído idiomas. Parece que ella tiene la habilidad de asimilar en su vocabulario palabras nuevas rápidamente. Normalmente la escuchamos contar hasta 10 en español, después de ver el último episodio de *Dora la exploradora.*

La última característica que hemos notado en Lucy con respecto a las misiones, es que puede adaptarse fácilmente. Lucy no es quisquillosa y se deja llevar. Esta es una cualidad que necesitan muchos misioneros. En el campo de misiones, especialmente al fundar una nueva obra, las cosas cambian rápidamente y los misioneros tienen que ser capaces de ajustarse improvisadamente, adaptarse. Esto es algo que se le da naturalmente a Lucy.

Como dije anteriormente, hemos comenzado a probar este posible don en Lucy. Utilizo la palabra "probar", porque no deseo señalar o poner expectativas en ninguno de nuestros hijos. En lugar de decirle a Lucy que es misionera, estamos implementando un plan para probar este don en ella.

La prueba de los dones misioneros en Sudamérica

Gracias al generoso apoyo de algunos asombrosos amigos y colaboradores, mi familia y yo acabamos de regresar de un viaje de 10 días a Juventud con una Misión en Pichilemu, Chile. Este fue el primer viaje internacional de misiones que hicimos como familia, desde que nació Lucy. Espero que vayamos a muchos más.

Aunque había muchas razones para ir a este viaje, parte del plan de Karie y mío era que Lucy pudiera ir a un campo misionero para ver lo que Dios podía hacer en su corazón. Como lo esperábamos, Lucy se desempeñó asombrosamente bien. Ella hizo un viaje de 25 horas en avión y en un autobús abarrotado, como campeona. Nunca se quejó. En los diez días que estuvimos allá, Lucy se sobresalió por su buen entendimiento y comprensión del español.

De hecho, recientemente me dijo que cuando crezca desea vivir en Chile. Aunque no estoy seguro de que esto signifique que Lucy tenga un don misionero, ¡puedo asegurarle que seguiremos probándolo!

> Sométanlo todo a prueba, aférrense a lo bueno.
>
> —1 TESALONICENSES 5:21

Es posible que su hijo tenga el don de misiones, si usted observa el siguiente patrón:

- Está interesado en viajar.
- Tiende a interesarse por las culturas y la gente extranjeras.
- Tiene una buena asimilación de los idiomas.
- Se desplaza sin temor.
- Muestra una gran fe.
- Comparte el evangelio.
- Se conforma con menos cosas que otros niños.

N

PARTE TRES

Cómo darles libertad a los niños en sus dones

Los dones espirituales de mi hermana Lucy son conocimiento, dar, sabiduría, misiones e interpretación de lenguas. Cuando mi papá lee la Biblia, Lucy tiene conocimiento, ya que hace preguntas muy buenas acerca de la historia. Algunas veces suena como adulta. Ella da, porque si le pides jugar con su muñequita, es seguro que diga que sí.

Creo que la sabiduría es difícil de explicar, de manera que me voy a saltar a la siguiente definición. Ella es una pequeña misionera, porque durante dos semanas en Chile, ella fue muy buena ayudando en la base misionera.

Una vez que papá hablaba en lenguas, ella las interpretaba. Dos adultos dijeron que ellos tenían la misma interpretación después de que Lucy habló.

Mis dones espirituales son liderazgo, lenguas, misiones y dar. Sin embargo, no voy a definirlos. Disfrute el resto del libro.

Lily, 9 años
Nuestra hija

10

Las semillas y el fruto

Escuchar y ver los dones de Dios en sus hijos

El tamaño poco importa. Mírame. Por mi tamaño me juzgas tú, ¿eh? ¿Hmm? Hmm. Hacerlo, no deberías. Porque mi aliada es la Fuerza, y una poderosa aliada es [...] ¡Seres luminosos somos! ¡No esta cruda materia!

—Yoda

Ahora que tiene una idea de cómo lucen los dones espirituales en sus hijos, usted deseará comenzar a buscar al Señor, mientras pone en práctica lo que ha descubierto. Esto será de mayor importancia cuando comience a identificar claramente los dones y los llamados espirituales de sus hijos.

Dios está en el negocio de la comunicación

Una y otra vez en la historia de la Palabra de Dios vemos que Él les habla a los padres acerca de sus hijos. Dios continúa en ese negocio. Si escuchamos y buscamos a Dios para conocer el propósito y la dirección de la vida de nuestros hijos, especialmente en el área de los dones espirituales, Dios nos los dará a conocer. Este ha sido el caso con nuestras dos hijas. Aquí tenemos algunos ejemplos bíblicos de padres a quienes Dios les habló acerca de sus hijos:

- **Abraham:** "—¡No! Ese hombre no ha de ser tu heredero—le contestó el Señor—. Tu heredero será tu propio hijo. Luego el Señor lo llevó afuera y le dijo:—Mira hacia el cielo y cuenta las estrellas, a ver si puedes. ¡Así de numerosa será tu descendencia! Abram creyó al Señor, y el Señor lo reconoció a él como justo" (Génesis 15:4-6).

- **Isaac y Rebeca:** "Isaac oró al Señor en favor de su esposa, porque era estéril. El Señor oyó su oración, y ella quedó embarazada. Pero como los niños luchaban dentro de su seno, ella se preguntó: 'Si esto va a seguir así, ¿para qué sigo viviendo?' Entonces fue a consultar al Señor, y él le contestó: 'Dos naciones hay en tu seno; dos pueblos se dividen desde tus entrañas. Uno será más fuerte que el otro, y el mayor servirá al menor'" (Génesis 25:21-23).

- **Zacarías:** "En esto un ángel del Señor se le apareció a Zacarías a la derecha del altar del incienso. Al verlo, Zacarías se asustó, y el temor se apoderó de él. El ángel le dijo:—No tengas miedo, Zacarías, pues ha sido escuchada tu oración. Tu esposa Elisabet te dará un hijo, y le pondrás por nombre Juan. Tendrás gozo y alegría, y muchos se regocijarán por su nacimiento, porque él será un gran hombre delante del Señor. Jamás tomará vino ni licor, y será lleno del Espíritu Santo aun desde su nacimiento. Hará que muchos israelitas se vuelvan al Señor su Dios. Él irá primero, delante del Señor, con el espíritu y el poder de Elías, para reconciliar a los padres con los hijos y guiar a los desobedientes a la sabiduría de los justos. De este modo preparará un pueblo bien dispuesto para recibir al Señor" (Lucas 1:11-17).

- **María:** "—No tengas miedo, María; Dios te ha concedido su favor—le dijo el ángel—. Quedarás encinta y darás a luz un hijo, y le pondrás por nombre Jesús. Él será un gran hombre, y lo llamarán Hijo del Altísimo. Dios el Señor le dará el trono de su padre David, y reinará sobre el pueblo de Jacob para siempre. Su reinado no tendrá fin" (Lucas 1:30-33).

- **José y María:** "Ahora bien, en Jerusalén había un hombre llamado Simeón, que era justo y devoto, y aguardaba con esperanza la redención de Israel. El Espíritu Santo estaba con él y le había revelado que no moriría sin antes ver al Cristo del Señor. Movido por el Espíritu, fue al templo. Cuando al niño Jesús lo llevaron sus padres para cumplir con la costumbre establecida por la ley, Simeón lo tomó en sus brazos y bendijo a Dios: 'Según tu palabra, Soberano Señor, ya puedes despedir a tu siervo en paz. Porque han visto mis ojos tu salvación, que has preparado a la vista de todos los pueblos: luz que ilumina a las naciones y gloria de tu pueblo Israel'. El padre y la madre del niño se quedaron maravillados por lo que se decía de él. Simeón les dio su bendición y le dijo a María, la madre de Jesús: 'Este niño está destinado a causar la caída y el levantamiento de muchos en Israel, y a crear mucha oposición, a fin de que se manifiesten las intenciones de muchos corazones. En cuanto a ti, una espada te atravesará el alma'. Había también una profetisa, Ana, hija de Penuel, de la tribu de Aser. Era muy anciana; casada de joven, había vivido con su esposo siete años, y luego permaneció viuda hasta la edad de ochenta y cuatro. Nunca salía del templo, sino que día y noche adoraba a Dios con ayunos y oraciones. Llegando en ese mismo momento, Ana dio gracias a Dios y comenzó a hablar del niño a todos los que esperaban la redención de Jerusalén" (Lucas 2:25-38).

En estos pasajes de la Escritura vemos algunos elementos en juego, cuando estos padres escucharon al Señor acerca de sus hijos. El primer elemento es que Dios habló de su propia voluntad. Él es Dios, después de todo. Cuando Dios desea que usted sepa algo acerca de sus hijos, Él se lo dirá. Luego, vemos a padres que buscaron al Señor con respecto a sus hijos. Cuando Rebeca sintió una lucha dentro de su vientre, ella "fue a consultar al Señor".

Vemos finalmente, que el Cuerpo de creyentes puede ser una parte activa para discernir el don de un niño. Esto es muy importante. Antes de que tuviéramos pruebas para los dones espirituales, nos teníamos unos a otros. Una de las pruebas más grandes de sus dones es cuando los creyentes llenos del Espíritu reconocen los dones que usted tiene.

Antes de que tuviéramos pruebas para los dones espirituales, nos teníamos unos a otros. Una de las pruebas más grandes de sus dones es cuando los creyentes llenos del Espíritu reconocen los dones que usted tiene.

Debido a esto, es posible que usted desee que otros familiares o amigos cercanos lleven a cabo la prueba de dones que se encuentra en la parte posterior de este libro. Yo le sugeriría buscar la mayor cantidad de opiniones calificadas como le sea posible. La voz de Dios a menudo se confirma en unidad.

> Isaac oró al Señor en favor de su esposa, porque era estéril. El Señor oyó su oración, y ella quedó embarazada. Pero como los niños luchaban dentro de su seno, ella se preguntó: "Si esto va a seguir así, ¿para qué sigo viviendo?". Entonces fue a consultar al Señor.
>
> —GÉNESIS 25:21-22

PÍDALE A DIOS REVELACIÓN DE SUS HIJOS

La gente consulta a Dios cuando cree que Él les responderá. Nosotros no somos responsables de la respuesta, ese es trabajo de Dios. De lo que somos responsables como madres y padres es de consultar al Señor por nuestros hijos. Ya sea que ellos se encuentren en una temporada difícil o pasando un buen momento, nosotros debemos consultar al Señor por nuestros hijos. Al buscar la revelación de Dios acerca de los dones espirituales de nuestros hijos, será importante ir ante Dios en oración y pedirle entendimiento y dirección.

Muchos creyentes no consultan al Señor, debido a que no saben identificar cuando Dios les habla. Ellos tienden a negar lo que han escuchado. No estoy diciendo que lo hagan a propósito, pero por alguna razón, la mayoría de los creyentes que he conocido, tienden más a pensar que algo no es realmente de Dios, en lugar de pensar lo contrario. Pensamientos como: *¿Cómo sé que no es mi mente?*, son algunos de los silenciadores más grandes de la voz de Dios. La Biblia nos asegura que Dios se comunica con sus hijos. Dios habla todo el tiempo, en maneras muy claras, pero nosotros dudamos que sea Dios.

¿Cuándo fue la última vez que escuchó a Dios? ¿Qué hizo cuando supo que algo podía venir de Dios? ¿Se movió rápidamente antes de probar esa palabra o la minimizó y la ignoró? Una de las marcas de un creyente maduro es vivir en el equilibrio entre estas respuestas.

Si una palabra o revelación viene verdaderamente de Dios, rara vez necesitará decirle a la persona a quien le está dando la palabra que esta realmente viene de Dios. Esto se debe a que las palabras de Dios llevan fruto. Si una palabra es de Dios, esta dará en el blanco. En lugar de siempre decirles a mis hijas que Dios me dijo algo, simplemente comparto lo que pienso que escuché de Dios. Otras veces, diré algo como: "Esto es lo que pienso haber escuchado de Dios.

¿Qué opinan?". De esta manera, intento probar fielmente lo que creo que Dios me ha compartido.

Las semillas y el fruto

Las revelaciones y las palabras de Dios son como semillas. Cuando piense escuchar a Dios, tome esa palabra y plántela, porque las verdaderas palabras de Dios siempre crecen y llevan fruto. Una vez que la palabra es plantada, usted comenzará el proceso de regado y fertilizado. Esto lo obtenemos a través de la oración, la observación, dar pasos de fe, revisar el fruto y comenzar de nuevo el proceso.

Es como el manzano donde los padres de Karie tienen una cabaña. Cada verano, este árbol produce suficientes manzanas para hacer 500 pasteles de manzana. No estoy bromeando. Yo no tenía idea de cuan productivos pueden ser los manzanos. Las manzanas están casi maduras justo antes de la primera helada. Cientos de manzanas cuelgan de las ramas y otros cientos más están en la base del árbol, tras caerse de las ramas. Es casi imposible caminar a 25 pies de distancia del árbol, sin hacer puré de manzana. Hay manzanas por doquier.

Las palabras y las revelaciones de Dios son iguales. Si usted las prueba con sabiduría y discernimiento, no hay manera de que no produzcan un fruto abundante. Es así como usted les ayuda a sus hijos a discernir sus dones. Simplemente observando el fruto. Si no existe fruto, lo que usted está viendo, probablemente no sea un don especial de Dios. Si su hijo tiene un don espiritual en un área o en otra, la evidencia de la obra de Dios en ellos estará por doquier. En el siguiente capítulo, veremos cómo proporcionarles a los niños una plataforma para probar los posibles dones que ha identificado en ellos, a través del proceso de búsqueda.

Nuestros buenos amigos, Dave y Kate, son padres guiados por el Espíritu, quienes han estado empleando este proceso con sus hijos. A continuación se encuentra un correo electrónico que recibí de ellos. Este correo habla del viaje que han emprendido con sus hijos y de su deseo de no proyectar los dones en ellos, sino de seguir los impulsos de Dios.

Hola, Adam:

Creo que en lo que respecta a nosotros, hemos observado que nuestros hijos tienen ciertas tendencias hacia los dones espirituales y se los señalamos, de manera que puedan gozarse al saber que tienen ciertos dones. Es magnífico que puedan identificar ellos mismos que tienen fortalezas que Dios les ha dado. Pero, por otro lado, no deseamos encasillarlos a temprana edad. Por ejemplo, desde los cuatro o cinco años, Anna ha sido la primera en animarnos a orar por una situación, normalmente antes de que uno lo piense. Ella expresa: "¡Deben orar por aquello!", aunque Dave y yo no enfaticemos demasiado la oración. Nosotros le hemos enseñado con nuestro ejemplo y hablamos al respecto, pero no como esas parejas que constantemente se detienen para orar por todo. Anna parece simplemente desear recurrir a la oración en primer lugar para todo. De manera que comenzamos a elogiarla, llamándola "nuestra pequeña guerrera de oración". No creo que haya algo malo en ello; a ella le agradaba que a nosotros nos agradara. Pero sentí que Maddie en el fondo, subconscientemente, se estaba categorizando a sí misma: Anna es una guerrera de oración, yo no soy una guerrera de oración (porque mamá y papá no me lo dicen). Además, no deseo que Anna crezca pensando: *Yo oro, Maddie sirve... siempre va a ser así.* Deseo que ella vea más allá de la evidente fortaleza o don que ella tiene, y vea los de los demás.

Creo que será interesante ver cómo abordas el asunto de que deseamos afirmar a nuestros hijos sin encasillarlos. ¡No estoy seguro de que esto te sea útil!

Mi respuesta para Dave y Kate fue la siguiente:

Trajeron a colación un gran punto, un punto que remarcaré en el libro. ¿Cómo edificamos a nuestros hijos sin encasillarlos? La clave está en el fruto. No lo sabrán hasta que lo prueben. Si sus hijas tienen un verdadero don espiritual, ustedes lo sabrán y ellas lo sabrán. Continuará saliendo a la luz. A través del discernimiento y de la prueba visible constante, ustedes finalmente querrán asegurarse de confirmarlas en estos dones. Aunque el temor de no proyectar algo en sus hijas sea una preocupación real, los cristianos están llamados a identificar los dones los unos en los otros y a implementarlos. Eso fue lo que hizo Pablo con el joven Timoteo. El solo hecho de que sienten esta preocupación, me muestra que ustedes no simplemente las atosigarán con la "enseñanza de los dones".

A nuestras hijas les decimos: "Mira, mamá y yo pensamos que es posible que tengas este o aquel don de Dios. ¿Qué te parece si lo probamos". De esta manera, les permitimos a nuestras hijas guiar el camino, y al mismo tiempo nos aseguramos de propiciar oportunidades para probar el fruto a lo largo del camino. Este es el trabajo de los padres en esta área: identificar y permitir las oportunidades. Primera de Tesalonicenses 5:20-21 dice que debemos someter todo a prueba. Después de cosechar el fruto, lo probamos. Hablamos acerca de la experiencia. Si la prueba resultó ser buena, continuamos.

Algo que yo evitaría, sería utilizar términos como "pequeña guerrera de oración". Creo que comentarios como este, aunque son de ánimo, pueden llevar al orgullo o a generar la envidia de los hermanos. Establece un estándar muy alto. En cambio, yo lo trataría como algo natural. Algo como: "Oye, Anna, parece que Dios pudo haberte dado un don de intercesión/oración. Está muy bien. ¿Cómo crees que puedes utilizarlo?".

Una lucha que enfrentamos, es ayudar a nuestros hijos a no competir. Parece que cada vez que le digo a Lucy que la amo y la animo en alguna manera, Lily dice: "¿Y a mí?". Aunque el deseo sea inmediatamente consolar a la niña diciendo: "Bien, a ti también te amo", o: "Tú también eres una gran animadora", intento no hacerlo. Simplemente deseo que mis hijas se sientan bien con lo que son. Lo que hago normalmente es apartarlas y decirles: "Bueno, así es tu hermana". Más tarde le digo a la otra niña lo que ella es. Deseo que ambas estén completamente separadas con respecto a su identidad única.

Algo que le dije a Lily anoche, después de que desafió

mi amor como padre, tras haberle dicho a Lucy cuan especial es ella para mí, fue: "Deseo que sepas que nunca podré amarte más de lo que te amo. Ya tienes todo mi corazón". A ella le gustó mi respuesta.

Gracias, Dave y Kate, espero que esto les sea de ayuda.

11

Construya un vehículo que sus hijos puedan conducir

Proporcióneles a sus hijos las llaves de sus dones

Me encontraba viendo un programa de videos extremos, no hace mucho tiempo, que transmiten los sábados por la tarde. A la mitad del programa, el conductor nos advirtió que no miráramos si éramos impresionables. Lamentablemente, esa declaración normalmente ejerce el efecto opuesto en mí. Miré. El video mostraba a un niño de cuatro años cuyos padres le habían regalado una motocicleta para su cumpleaños. Las consecuencias fueron desastrosas. Al no poder utilizar el freno correctamente, el niño condujo directamente hacia el camión que iba delante de él, sufriendo un fuerte golpe en la frente. Gracias a Dios, el niño sobrevivió a una fractura de cráneo y se recuperó completamente.

Esta historia representa lo que no debemos hacer cuando les damos libertad a nuestros hijos en sus dones. En cambio, necesitamos probar los dones de nuestros hijos, construyéndoles vehículos que puedan conducir, vehículos que se adapten a la etapa de su vida y a sus habilidades. Esto lo llevamos a cabo, debido a la naturaleza de los dones espirituales. Los dones espirituales no se prueban realizando un examen, sino probando la fe. La tarea que usted tiene ahora es exponer a sus hijos a oportunidades y ambientes donde los dones percibidos puedan ser probados, es decir lugares en que los niños puedan tener éxito y su fe pueda ser edificada.

Como afirmé en los capítulos anteriores, ustedes ya saben cómo llevarlo a cabo. La mayoría de ustedes ha comenzado el proceso de introducir e incorporar cosas como deportes, artes o materias académicas en la vida de sus hijos. La manera en que asume este desafío, en parte determinará si su hijo abraza sus dones y su llamado individual al ministerio. Pero no permita que eso lo estrese, Dios lo guiará en ello. La clave es que ahora usted esté involucrado en el ministerio de sus hijos.

> Los dones espirituales no se prueban realizando un examen, sino probando la fe.

Estoy seguro de que todos hemos visto a un atleta dotado que se aleja de los deportes, debido a la naturaleza controladora y autoritaria de sus padres. El otro extremo y que de igual manera termina matando la fe, son los padres que nunca desafían a sus hijos más allá de sus propios apetitos y deseos. Cuando intercambiamos consuelo por crecimiento, nuestra fe muere lenta y dolorosamente.[1]

De manera redundante, permítame afirmar lo que ya sabe al respecto. Analicemos los deportes durante un minuto. Si usted es un padre deportivo, estoy seguro de que no permitió que su hijo de cinco años entrara a un equipo universitario. No, usted comenzó en el jardín trasero cuando su hijo todavía utilizaba pañales. Usted fue consistente e inagotable en su búsqueda. Compró una pelota que se adaptara a la mano de su hijo, en lugar de comprar una pelota profesional. Lo hizo, porque sabía que su hijo perdería rápidamente el interés, si no podía lanzar y cachar la pelota unas cuantas veces.

Su hijo sonreía cada vez que cachaba la pelota. Con cada atrapada, usted animaba a su hijo. Usted lo animaba más y su hijo respondía. Algunos de ustedes se dieron cuenta rápidamente de que su hijo tenía un don natural para ello y los sueños de una carrera profesional surgieron en su mente. Otros, no soportaron ver rebotar la pelota una vez más en la cara de su hijo y decidieron comenzar a probar otros rasgos y aptitudes.

Usted ahora realizará lo mismo cuando pruebe los dones espirituales de sus hijos. La diferencia esta vez es que en lugar de que su hijo esté tras el volante de sus habilidades naturales, las cuales finalmente se desvanecerán con la edad, usted les dará a sus hijos las llaves de un Reino que nunca se desvanece, sino que cobra fuerza cada vez que su hijo camina en fe.

> Te daré las llaves del reino de los cielos; todo lo que ates en la tierra quedará atado en el cielo, y todo lo que desates en la tierra quedará desatado en el cielo.
>
> —Mateo 16:19

Vehículos que los niños puedan conducir

Tenemos a continuación algunas ideas que sus hijos pueden probar para echar a andar sus dones espirituales. ¡Le pido a Dios que usted pase un tiempo maravilloso como su copiloto!

Profecía

- Estudie con sus hijos a los profetas del Antiguo Testamento y el tema de la profecía. Yo encontré muchos recursos atractivos en Amazon, al escribir lo siguiente en el buscador: "niños cristianos profetas". Los resultados de búsqueda arrojarán muchos materiales apropiados para cada edad, que pueden ayudarlo a comenzar.
- Pídales a sus hijos que oren por el futuro de su familia, y pídales que le digan si Dios les revela claramente alguna cosa.
- Lleve a cabo tiempos en los que sus hijos se tomen algunos minutos para sintonizarse con el silencio de Dios. Pregúnteles qué sintieron del Espíritu Santo.
- Memoricen juntos las Escrituras. A menudo, Dios dirige nuestro futuro a través de la revelación bíblica.

Enseñanza

- Pregúntele al pastor o al coordinador infantil de la iglesia si su hijo puede dar una clase bíblica a un grupo de menor edad, en la iglesia.
- Permita que su hijo dirija algunos devocionales familiares.
- Estudie la Escritura con su hijo.
- Comience un programa de liderazgo en su iglesia, en el que los niños mayores pasen tiempo discipulando a los niños menores.
- Ofrézcase como voluntario junto con su hijo, para ayudar en la biblioteca local, con el fin de enseñarles a leer a otros niños.

Milagros

- Estudie el tema de los milagros con su hijo. Yo encontré muchos recursos interesantes sobre el tema, al buscar la siguiente combinación de palabras en Amazon: "milagros niños cristianos". La búsqueda arrojó todo desde historias misioneras, hasta caricaturas.
- Ore por milagros de sanidad, provisión, protección, entre otras cosas. Los milagros suceden debido a la oración. Lleve un diario con su hijo, para registrar sus oraciones y los resultados.
- Visite a misioneros de los países del Tercer Mundo. No estoy seguro por qué, pero la mayoría de los milagros que he visto, han sucedido en los países del Tercer Mundo. Posiblemente su falta de posesiones materiales y de las distracciones con las que vivimos diariamente, preparan su corazón para una mayor fe y un enfoque en lo verdaderamente importante. Más probablemente se deba a que estas culturas han sido menos influenciadas por el modernismo secular.

Sanidad

- Lleve a sus hijos a visitar a los enfermos y a orar por ellos.
- Ofrézcanse como voluntarios en un hospital infantil local.
- Cree una herramienta visual que la familia pueda utilizar para orar por los enfermos. Posiblemente pueda hacer un collage de los rostros de los niños, un álbum fotográfico o fotografías pegadas en tarjetas de tres por cinco pulgadas, sostenidas de la punta por un arillo.
- Hágalo simple y permita que sus hijos tengan su parte al crear una herramienta visual y elijan a las personas por quienes orarán cada día.
- Trabaje para desarrollar compasión en su hijo. Una manera de llevarlo a cabo es poniéndolo en contacto con personas menos afortunadas. Trabajen en un refugio para personas sin hogar o creen un proyecto ministerial familiar. Las vacaciones son un tiempo perfecto para realizarlo. La compasión a menudo es el combustible de la sanidad.

Administración

- Permita que su hijo administre parte del proyecto ministerial familiar. Después de que usted y su familia hayan elegido un proyecto, permítale a su hijo organizar los detalles.
- Ofrézcanse como voluntarios en un proyecto administrativo o en un evento comunitario o de la iglesia.

Lenguas e interpretación de lenguas

- Estudie este don con sus hijos. Esto puede llevarse a cabo al recurrir a las porciones de la Escritura referidas en el capítulo 3 o al buscar artículos acerca de este don en la Internet.
- Permita que sus hijos lo escuchen hablar en lenguas y pregúnteles si Dios les dio alguna interpretación.
- Oren y pídanle este don a Dios, si es su voluntad.

Sabiduría

- Involucre a sus hijos en el proceso familiar de toma de decisiones.
- Desafíe a sus hijos a buscar respuestas de Dios para sus problemas, en lugar de responderles todas las preguntas.
- Valore los aportes sabios de sus hijos en una situación dada.
- Lea una porción del libro de Proverbios todos los días. Usted puede hacer que un proverbio al día sea aparte de la conversación familiar en la mesa.

Conocimiento

- Estudie la Escritura con sus hijos y pregúnteles qué revelaciones les vienen a la mente.
- Permita que sus hijos dirijan un estudio bíblico.
- Después de un tiempo de oración, pregúnteles a sus hijos si tienen algo qué ofrecer que posiblemente Dios haya puesto en su corazón.

Fe

- No arregle todo por sus hijos. Permítales mostrar su fe y su confianza en Dios para obtener resultados.

- Permítales participar en un ministerio que los exceda.
- Comience un ministerio con sus hijos que no puedan llevar a cabo a menos que Dios intervenga.
- Inscríbase a un viaje de misiones, si puede costearlo (¡esto puede edificar monumentalmente su fe!).
- Oren por los enfermos.
- El don de fe es una categoría rica en la que puede utilizar un diario para registrar su caminar de fe y el de sus hijos.

Discernimiento

- Pídales a sus hijos que se involucren en asuntos espirituales. ¿Qué piensan que Dios está diciendo?
- Anime a sus hijos a expresarse cuando sientan la presencia o la dirección de Dios.
- Pregúnteles cuál creen que sea la opinión de Dios acerca de ciertos anuncios que ven y por qué.

Evangelista

- Desafíe a sus hijos a invitar a sus amigos a la iglesia.
- Asistan a un evento de alcance como ministerio familiar.
- Enséñeles a sus hijos a compartir con claridad el evangelio con sus amigos.
- Oren como familia por los perdidos.

Pastores

- Enséñeles a sus hijos lo que lleva a cabo un pastor.
- De ser posible, pase una tarde trabajando con su pastor.
- Desafíe a su hijo a cuidar pastoralmente de su equipo deportivo o de su grupo de teatro.
- Entrene a su hijo para discipular a un hermano menor.
- Desafíe a su hijo a cuidar de los marginados.

Servicio

- Ofrézcanse como familia voluntaria en un proyecto de algún servicio local.
- Pídales a sus hijos que realicen una lista de las formas en las que pueden ayudar potencialmente a otros.
- Asistan juntos a un proyecto misionero local.

Ánimo

- Entrene a sus hijos para escribirles notas de ánimo a los demás.
- Desafíe a sus hijos a idear maneras para animar a otros en sus anhelos.
- Permita que sus hijos presidan una celebración para otra persona.

Dar

- Enséñeles a sus hijos a diezmar.
- Apoye a un niño a través de una de las principales organizaciones sin fines de lucro.
- Proporciónele a su hijo oportunidades para dar.
- Encuentre tantas maneras como sea posible para que su hijo esté consciente de las necesidades de los demás.

Liderazgo

- Anime a su hijo a proponerse como presidente estudiantil.
- Planee un evento y permítale a su hijo dirigir.
- Ayude a su hijo a dirigir un estudio bíblico.
- Permita que su hijo sea uno de los supervisores en un campamento para niños menores.

Misericordia

- Ministre con sus hijos en un hospital o albergue local para los menos afortunados.
- Exponga a sus hijos a dilemas apropiados para su edad (la pobreza, el hambre, la enfermedad, entre otras cosas).
- Enséñeles a sus hijos a compartir su abundancia de cosas materiales con otros y a orar por aquellos en necesidad.

Misiones

- Estudie las biografías de misioneros famosos y léaselas a la familia en voz alta. Estas historias llenas de fe son una lectura fabulosa para la hora de dormir. Uno de los mejores sitios de la Internet que he encontrado, es: http://fish4him.org/FamousMissionaries/tabid/141/language/en-US/Default.aspx. Aquí usted puede encontrar una lista de todos los misioneros desde William Booth del Ejército de Salvación, hasta Eric Liddell de *Carros de Fuego*.
- Vayan a un viaje misionero juntos.

Intercesión/oración

- Ore diariamente con sus hijos.
- Permítales dirigir tiempos de oración.
- Recorran su escuela orando.
- Elabore un libro de oración o un programa salvapantallas que presente las fotografías de las personas por las que usted ora.
- Permita que sus hijos escriban oraciones para Dios en el diario familiar de oración. ¡Asegúrese de registrar las respuestas de Dios!

Hospitalidad

- Permita que sus hijos sirvan como ujieres en la iglesia.
- Permita que sus hijos ayuden a planear una próxima fiesta o un evento.
- Ayúdeles a presidir una fiesta.
- Anime a sus hijos a ofrecerse como voluntarios en un asilo de ancianos.

Ayuda

- Sugiera maneras en que su hijo pueda ofrecerle la mano a un amigo.
- Ofrézcase como voluntario junto con sus hijos en un comedor de beneficencia.
- Como familia, estén al pendiente de la gente con necesidad o estén dispuestos a dejar lo que estén haciendo para ayudar.

¡Qué Dios lo bendiga al darles a sus hijos las llaves del Reino de los cielos (Mateo 16:19)!

—ADAM, KARIE, LILY Y LUCY STADTMILLER

APÉNDICE

Prueba de los dones espirituales

¿Cuál es el ministerio de sus hijos?

En sus manos, tiene un increíble recurso que, si lo utiliza bajo la dirección del Espíritu Santo, no solamente le proporcionará una revelación más profunda de sus hijos, sino también lo ayudará a guiarlo y dirigirlo en su ministerio personal. Lo siguiente pretende ayudarlo a hacer de la evaluación *Descubra los dones espirituales de su hijo*, una fácil y comprensible herramienta que pueda utilizar.

¿POR QUÉ UNA PRUEBA DE LOS DONES ESPIRITUALES?

En cuanto a los dones espirituales, *hermanos,*
quiero que entiendan bien este asunto.
—1 CORINTIOS 12:1 (ÉNFASIS AÑADIDO)

Los dones espirituales no son "magia", sino herramientas que Dios nos da y que, a través del Espíritu Santo, nos permiten ser más eficaces en Cristo y en el ministerio. Estas habilidades espirituales deben ser administradas. Todo creyente está llamado a conocer y a caminar en el don o dones que se le han proporcionado. Esto concierne tanto a los adultos como a los niños. La prueba y la evaluación de *Descubra los dones espirituales de su hijo* fueron creados con el propósito de ayudarles a los creyentes a identificar sus dones únicos y encontrar un lugar donde encajen más eficazmente en el propósito divino de Dios.

REALICE LA PRUEBA

La herramienta de evaluación de *Descubra los dones espirituales de su hijo* es diferente a otras pruebas, debido a que el niño que está siendo evaluado, no es quien responde las preguntas. En cambio, usted como padre está evaluando lo que usted sabe que sucede con su hijo. Este tipo de prueba permite tener una manera más eficaz de evaluar un amplio rango de edades de los niños y permite que más de una persona involucrada en la vida del niño lleve a cabo la prueba. Es posible que usted desee invitar a los padres, abuelos, amigos cercanos y, posiblemente al maestro de la escuela dominical, a responder la prueba. Este modelo de pruebas múltiples le ayudará a obtener un resultado menos parcial.

En esta evaluación existen 80 preguntas. En cada pregunta, evalúe al niño en una escala del 1 al 5, como sigue:

1. Nunca
2. Rara vez
3. Ocasionalmente
4. A menudo
5. Siempre

En la evaluación existen cuatro preguntas para cada don, las cuales aparecen en orden aleatorio. Una vez que haya respondido cada pregunta, utilice el puntaje de la evaluación que se encuentran en la página 150 para determinar los dones espirituales particulares de su hijo.

CLAVES DE AYUDA

- Realice la prueba antes y después de leer *Descubra los dones espirituales de su hijo*. Realizar la prueba antes de leer el libro le proporcionará preguntas que el libro responderá. Probar los resultados después, le proporcionará un resultado más preciso y fundado.
- Pase algunos minutos en oración antes de realizar la prueba. Serene su mente y pídale al Espíritu Santo que lo dirija.
- No se preocupe por tener respuestas perfectas. Usted probará esos resultados en el campo de juego del ministerio real.
- Si varias personas realizan la prueba por su hijo, combine todos los resultados. Esto le permitirá obtener una perspectiva colectiva de cuáles son los dones de su hijo.

¿Qué sucede si cometo un error al evaluar a mi hijo?

La prueba y evaluación de los dones espirituales pretende fungir como una brújula y no como un mapa. Aunque esta prueba pueda ser increíblemente efectiva para resaltar los dones potenciales, los dones identificados todavía deben ser juzgados y probados. Si usted ha respondido por su hijo en una manera que proporcione un falso positivo, eso será comprobado al probar el don. Esto sucederá mientras usted proporciona y explora diferentes oportunidades de ministerio junto con su hijo.

¿Cómo sabré si estos resultados son correctos?

Los dones verdaderos producen frutos. Su trabajo como padre es proporcionarle a su hijo una plataforma para explorar los hallazgos que esta prueba produzca. Por ejemplo, si se arroja que su hijo tiene el don de enseñanza, ese don debe ser puesto en acción y debe demostrar llevar frutos consistentemente, antes de que usted pueda asumir que el don existe de verdad. Dicho lo cual, no hay peligro al implementar un campo de pruebas para que su hijo explore diferentes dones y ministerios en Cristo. ¡Pruebe sus resultados!

Una palabra de sabiduría

La prueba de *Descubra los dones espirituales de su hijo* debe ser utilizada junto con el material de *Descubra los dones espirituales de su hijo.* Aunque realizar la evaluación le proporcionará un resultado valioso, haya leído el libro o no, los resultados serán mucho más precisos una vez que comprenda cómo puede mostrarse cada don en su hijo o hijos en general.

¡Disfrute su aventura en Cristo!
Pastor Adam Stadtmiller

Evaluación de dones

En cada pregunta, indique en qué medida se relaciona la afirmación con su hijo, utilizando la siguiente escala:

1 = Nunca **2** = Rara vez **3** = Ocasionalmente **4** = A menudo **5** = Siempre

	Pregunta	Respuesta 1-5
1	He descubierto a mi hijo orando por iniciativa propia, sin que lo fuercen.	
2	Mi hijo no es sobreprotector con sus cosas.	
3	Mi hijo incluiría amigos rechazados por otros niños en juegos o en eventos deportivos.	
4	Mi hijo o hija es menos crítico o negativo que otros niños.	
5	Mi hijo o hija es un visionario, puede ver y comunicar lo que otros no ven.	
6	Mi hijo disfruta ser organizado.	
7	Mi hijo cataloga correctamente a la gente. Evita a algunos, pero se acerca a otros.	
8	En un viaje familiar al zoológico, mi hijo es quien expresa qué desea que vea la familia.	
9	Mi hijo disfruta ayudar a otras personas.	
10	Mi hijo a menudo se conforma con lo que tiene.	
11	Mi hijo comparte el evangelio en una manera apropiada para su edad.	
12	Mi hijo ha expresado los planes de Dios para nuestra familia antes de que sucedan.	
13	Hay un cambio evidente y agradable en el comportamiento de mi hijo cuando está ayudando a los demás.	
14	Mi hijo puede llorar o expresar emoción cuando otros expresan su dolor en palabras o con lágrimas.	
15	Mi hijo muestra valentía al creer en la protección y la provisión de Dios.	
16	Mi hijo cree en la Palabra de Dios al pie de la letra.	
17	Mi hijo se comunica verbalmente o mediante la palabra escrita con gran claridad.	

	Pregunta	Respuesta 1-5
18	A mi hijo le gusta conocer personas nuevas y ayudarles a sentirse bienvenidos y aceptados.	
19	Mi hijo regularmente anima a otros.	
20	Mi hijo dice afirmaciones llenas de fe acerca de la habilidad sanadora de Dios o muestra fe en la habilidad que Dios tiene para sanar.	
21	Mi hijo se ofrece a orar por otros sin que lo fuercen.	
22	Mi hijo es extremadamente amigable.	
23	Mi hijo ha dicho palabras de conocimiento de parte de Dios que resultaron ser ciertas.	
24	Mi hijo es bueno al enseñarles y explicarles cosas a los demás.	
25	Mi hijo es afectuoso y empático.	
26	Mi hijo hace afirmaciones llenas de fe, acerca de creer en la habilidad de Dios.	
27	Mi hijo les da segundas oportunidades a los demás y perdona más fácilmente que otros.	
28	Mi hijo ha afirmado que Dios le ha hablado acerca de un evento futuro.	
29	Mi hijo toma decisiones sabias.	
30	Cuando trabaja para completar una tarea para otra persona, mi hijo se concentra y se muestra alegre.	
31	Mi hijo no teme hablarles a otros acerca de Jesús.	
32	Mi hijo es sensible a las cosas espiritualmente oscuras (por ejemplo: libros, películas, lugares.)	
33	Mi hijo tiende a ver lo mejor de los demás.	
34	Mi hijo se ofrece rápidamente como voluntario, incluso cuando la tarea a realizar sea difícil.	
35	Mi hijo está consciente de que los tiempos y las sazones son importantes para él.	
36	Mi hijo invita a amigos a la iglesia.	
37	Mi hijo tiende a utilizar historias, descripciones visuales y analogías cuando describe cosas.	
38	Mi hijo está consciente de las cosas justas y de las injustas.	
39	Mi hijo tiene sueños, pensamientos o visiones acerca de eventos futuros.	

	Pregunta	Respuesta 1-5
40	Mi hijo está dispuesto a regalar su dinero.	
41	Mi hijo disfruta responder a las necesidades de los demás.	
42	Mi hijo administra las tareas, los quehaceres y los deberes correctamente.	
43	Mi hijo expresa interés en participar en una aventura de misiones o le encanta viajar.	
44	Mi hijo suele buscar las opiniones de los demás antes de tomar una decisión.	
45	Mi hijo ofrece revelaciones profundas y únicas de la Escritura.	
46	Mi hijo busca maneras de aliviar el desasosiego de la gente.	
47	Es posible que mi hijo mencione maneras de ayudar a una persona, cuando escucha que tiene necesidad.	
48	Mi hijo muestra esperanza en Dios cuando otros dudan.	
49	Mi hijo ha orado por alguien directamente o en silencio, y se ha visto que la persona es sanada.	
50	Mi hijo es atraído hacia la gente de diferentes culturas o etnias, y se interesa en ellos.	
51	Otros niños siguen la dirección de mi hijo.	
52	Mi hijo anima a los demás.	
53	Mi hijo muestra un corazón y una naturaleza de siervo.	
54	Mi hijo es un buen oyente.	
55	Mi hijo tiende a recordar a los enfermos cuando se involucra en un tiempo de oración familiar.	
56	Mi hijo disfruta servir a los demás.	
57	Mi hijo sugiere recurrir a la oración cuando surge la oportunidad.	
58	Mi hijo está dispuesto a orar por un milagro y cree que sucederá.	
59	Mi hijo no teme emprender camino en su propia dirección, él no depende demasiado de los demás.	
60	Mi hijo piensa antes de actuar.	

1 = Nunca **2** = Rara vez **3** = Ocasionalmente **4** = A menudo **5** = Siempre

	Pregunta	Respuesta 1-5
61	Mi hijo ha orado por la provisión de Dios, ha creído en ella y la ha experimentado.	
62	Mi hijo es perceptivo y perspicaz.	
63	Mi hijo tiene fe en que Dios puede hacer milagros.	
64	Mi hijo comparte fácilmente con otros y es posible que regale sus cosas.	
65	Cuando ora, mi hijo lo hace más enfocada y fervientemente que sus amigos.	
66	Mi hijo siente preocupación y compasión por los enfermos.	
67	Mi hijo se enfoca en los detalles.	
68	Mi hijo tiende a ser atraído hacia las peticiones de oración que se relacionan con sanidad.	
69	Mi hijo ha compartido Escrituras que Dios ha utilizado proféticamente en su vida y en la vida de otros.	
70	Mi hijo ocasionalmente me dice verdades que concuerdan con mi espíritu y con la Palabra de Dios.	
71	Mi hijo está interesado en las misiones y los misioneros.	
72	Mi hijo ha llevado o intentado llevar a sus amigos a Cristo.	
73	Mi hijo se emociona con la Escritura y está interesado en sus matices y detalles.	
74	Cuando juega con amigos, a mi hijo se le ocurren nuevas ideas para el grupo y busca que los demás participen.	
75	Mi hijo no se precipita en las nuevas situaciones, sin antes inspeccionarlas.	
76	Mi hijo disfruta la tarea de la hospitalidad.	
77	Mi hijo dice profundas verdades espirituales que no corresponden con su edad.	
78	A mi hijo le gusta servir a otros en sociedad, contrariamente a realizar servicios altruistas a solas.	
79	A mi hijo le gusta saludar a la gente.	
80	Mi hijo ayuda a otros a responder a los desafíos de la vida.	

1 = Nunca **2** = Rara vez **3** = Ocasionalmente **4** = A menudo **5** = Siempre

Puntaje de la evaluación

En la tabla siguiente, anote el valor numérico del 1 al 5 que usted indicó en cada pregunta. Sume los cuatro números de cada hilera y coloque la suma en la columna "total". Los primeros tres resultados más altos representarán los *dones principales* de su hijo, mientras que los siguientes tres resultados más altos representarán sus *dones secundarios*.

Valor para cada respuesta								Total	Don
6		35		42		67			Administración
7		32		62		75			Discernimiento
4		19		33		52			Ánimo
11		31		36		72			Evangelismo
15		16		26		48			Fe
2		10		40		64			Dar
20		55		66		68			Sanidad
9		13		47		78			Ayuda
18		22		76		79			Hospitalidad
1		21		57		65			Intercesión/oración
23		45		70		77			Conocimiento
5		8		51		74			Liderazgo
3		14		27		46			Misericordia
49		58		61		63			Milagros
43		50		59		71			Misiones
25		41		54		80			Pastor
12		28		39		69			Profecía
30		34		53		56			Servicio
17		24		37		73			Maestro/Enseñanza
29		38		44		60			Sabiduría

Definición de los dones

Administración: El don espiritual de *administración* es la habilidad de administrar, planear y orquestar los propósitos de Dios para la Tierra.

Apostolado: El término "apóstol" (del griego, *apostolos*) simplemente significa "un enviado". Un apóstol es un mensajero o un embajador. La idea es la de representación: un apóstol es un representante personal de quien lo envió.

Discernimiento: El don espiritual de *discernimiento* le permite al creyente ver rápidamente el núcleo de un problema y conocer la verdad. Esto puede relacionarse con un error doctrinal, una decisión del ministerio, problemas relacionales o espirituales, entre otras cosas.

Ánimo: El don espiritual de *ánimo* es la habilidad de fortalecer a otra persona a través de las palabras o posiblemente de su presencia física. Los animadores les llevan consuelo y sanidad a los demás. Ellos estimulan a otros.

Evangelismo: El don espiritual de *evangelismo* es la habilidad de compartir audazmente el mensaje de salvación de manera clara, concisa y efectiva. Los evangelistas no solamente comparten el evangelio, sino también se aseguran de que la gente tome una decisión por Cristo.

Fe: El don espiritual de *fe* es una fuerte creencia en las promesas y los propósitos de Dios. Es la habilidad de creer en las cosas que no se ven. Hebreos describe la fe como no solamente creer en las cosas que no se ven, sino también estar seguro de ellas.

Dar: El don espiritual de *dar* es la capacidad de dar con un corazón agradecido y alegre, desde recursos materiales con el propósito de satisfacer las necesidades de otros o de cumplir algún propósito.

Sanidad: El don espiritual de *sanidad* es la habilidad de ser utilizado como conducto de Dios para llevar sanidad sobrenatural y plenitud a otros.

Ayuda: El don de la *ayuda* se manifiesta en los creyentes que invierten sus talentos en la vida y el ministerio de otros, permitiéndole a quien es servido a incrementar sus propias habilidades.

Hospitalidad: El don espiritual de *hospitalidad* equipa a los creyentes para proporcionar brazos abiertos, casas abiertas y una cálida bienvenida con el propósito de animar y equipar.

Intercesión/oración: El don de *intercesión/oración* es la habilidad de orar con detalle y efectividad. Los intercesores se ponen en la brecha. En el libro de Ezequiel, vemos que Dios está buscando a alguien dispuesto a ponerse en la brecha (ver Ezequiel 22:30).

Interpretación de lenguas: La *interpretación de lenguas* es la habilidad de comprender y comunicar en lenguaje común el significado de una lengua espiritual hablada por otro miembro del Cuerpo de Cristo.

Conocimiento: El don espiritual de *conocimiento* es doble. Es la habilidad de comprender profundas verdades bíblicas y también es la revelación espiritual de situaciones particulares.

Liderazgo: El don espiritual de *liderazgo* es la capacidad de dirigir al pueblo de Dios en los planes de Dios. Los líderes tienen la capacidad de dirigir más allá de ellos mismos.

Misericordia: El don espiritual de *misericordia* comienza con un corazón por los quebrantados y los marginados. La misericordia muestra su fruto al actuar para satisfacer las necesidades de los quebrantados y los abatidos.

Milagros: El don espiritual de *hacer milagros* es la habilidad de asociarse con Dios para ver que el poder sobrenatural influya en el orden natural de las cosas.

Misiones: El don espiritual de *misiones* es el deseo y la habilidad que Dios da de ministrar eficazmente en una cultura o subcultura extranjera.

Pastor: El don de *pastor* es la habilidad especial que Dios les da a algunos miembros del Cuerpo de Cristo para asumir una responsabilidad personal de largo plazo para librar la guerra espiritual de otros. Los pastores alimentan, cuidan y guían a la gente hacia la madurez espiritual progresiva y hacia ser como Cristo.

Profecía: El don espiritual de *profecía* es la habilidad de comprender los propósitos y los planes de Dios futuros para su pueblo.

Servicio: El don espiritual de *servicio* es la habilidad de ver una necesidad y utilizar todos los recursos a mano para cumplir la tarea.

Maestro/enseñanza: El don espiritual de *enseñanza* es la habilidad de trasmitirles conocimiento y conceptos a otros en una manera que puedan comprender y aprovechar fácilmente.

Lenguas: El don de *lenguas* es la habilidad de hablar un lenguaje espiritual dado por Dios, para edificar a la Iglesia o para ser comprendido por los no creyentes con el propósito de su salvación.

Sabiduría: El don espiritual de *sabiduría* le permite al creyente tomar decisiones precisas y oportunas. La sabiduría incorpora la perspicacia de lo que es verdadero y correcto con una comprensión de cómo poner en acción ese conocimiento.

Apoyo bíblico de los dones

1. **Administración:** Éxodo 18:13-27; Hechos 6:2-4; 1 Corintios 12:28.
2. **Apostolado:** Hechos 14:21-23; 1 Corintios 12:28-29; Efesios 1:1; 4:11.
3. **Discernimiento:** 1 Reyes 3:9; Hechos 5:3-6; Romanos 12:2; 1 Corintios 2:14; Hebreos 5:14; 1 Juan 4:1.
4. **Ánimo:** Hechos 4:36; 11:23-24; Romanos 12:8; 1 Tesalonicenses 4:18.
5. **Evangelismo:** Hechos 21:8; Efesios 4:11-12; 2 Timoteo 4:5.
6. **Fe:** Lucas 17:5; Romanos 10:17; 1 Corintios 12:9; Filipenses 3:9; Hebreos 11:1, 6.
7. **Dar:** Marcos 12:43-44; Romanos 12:6, 8; 2 Corintios 8:2-3; 9:7.
8. **Sanidad:** Mateo 10:1; Lucas 4:40; Hechos 3:6-9; 1 Corintios 12:9, 30.
9. **Ayuda*:** Hechos 6:2-4; 1 Corintios 12:28; 1 Timoteo 5:10.
10. **Hospitalidad:** Romanos 12:13; 1 Timoteo 3:2; 5:10; Tito 1:8; 1 Pedro 4:9-10.
11. **Intercesión/oración*:** Lucas 18:1; Juan 16:24; Efesios 6:18; 1 Tesalonicenses 3:10-13; 5:17; 1 Timoteo 2:1-2; 5:5.
12. **Interpretación de lenguas:** 1 Corintios 12:10-11, 30; 14:5.
13. **Conocimiento:** Juan 7:16-17; 17:3; 1 Corintios 12:8; Efesios 3:18-19.
14. **Liderazgo:** Romanos 12:8; Hebreos 13:7.
15. **Misericordia:** Mateo 5:7; Lucas 6:36; Romanos 12:8; Tito 3:5.
16. **Milagros:** Juan 20:30-31; Hechos 2:22; 19:11; 1 Corintios 12:10.
17. **Misiones*:** Mateo 28:18-20; Marcos 13:10; 16:15; Hechos 1:8; 22:21; 1 Corintios 9:19-23.

18. **Pastor:** Jeremías 23:4; Juan 10:11; Efesios 4:11-12; 1 Timoteo 3:2; Hebreos 13:17; 1 Pedro 5:1-4.
19. **Profecía:** Joel 2:28; Romanos 12:6; 1 Corintios 12:10, 29; 14:1-3; 30-33; Efesios 4:11-12.
20. **Servicio:** Deuteronomio 10:12; Romanos 12:7; Gálatas 6:2; Efesios 3:7; 4:12; 6:7.
21. **Maestro/Enseñanza:** Efesios 4:11-12; 1 Corintios 12:29; Romanos 12:7; Hechos 11:25-26; 13:1; 15:35; Juan 7:16.
22. **Lenguas:** Hechos 2:1-13; 10:44-46; 1 Corintios 12:10-11; 28:31; 14:1-5; 13-22.
23. **Sabiduría:** Proverbios 3:13; Romanos 11:33; 1 Corintios 12:8; 2 Timoteo 3:15; Santiago 3:13-18.

*Dones incluidos en la encuesta de *Descubra los dones espirituales de su hijo*, pero no se mencionan en los tres pasajes claves de 1 Corintios 12; Efesios 4 o Romanos 12.

Nota: Los dones de apostolado, lenguas y de interpretación de lenguas, no están incluidos en la prueba de evaluación de los dones. El don de apostolado es un don expresado en el liderazgo adulto de la Iglesia. Los dones de lenguas y de interpretación de lenguas, si están presentes, son fácilmente discernidos.

Notas

Capítulo 1

1. Esto aplica para los niños creyentes de todas las edades. Los dones espirituales solamente les son otorgados a los creyentes.

2. Adaptado de una cita de François Rabelais (c. 149-553), escritor francés del Renacimiento.

3. C. S. Lewis, *La travesía del viajero del alba* (Nueva York: MacMillan, 1988), p. 209.

Capítulo 2

1."Children's Bee Study Makes It to Royal Society Journal" [Un estudio de niños sobre las abejas es publicado en el Royal Society Journal], BBC News, Educación y Familia, 22 de diciembre de 2010. http//www.bbc.co.uk/news/education-12058868.

2."Elementary School Project Gets Published" [Proyecto de escuela primaria es publicado], PRI's The World,, 24 de diciembre de 2010. http//www.thewordl.org/?s=beau+lotto.

3. Ver *Biology Letters* en http//rsbl.royalsocietypublishing.org.

4. Aunque no añadí la adoración a mi lista de dones espirituales, creo que se puede argumentar bíblicamente a favor de este don. Ver 1 Samuel 16:23; Salmos 34:3; 1 Crónicas 9:33; 2 Crónicas 5:1-4.

5. Un don pastoral no significa que se esté dedicado vocacionalmente al ministerio de tiempo completo. El Espíritu Santo, con el propósito de cuidar el rebaño de Dios, a menudo distribuye el don pastoral a aquellos que no están llamados vocacionalmente al ministerio de tiempo completo.

Capítulo 3

1. Ver C. Peter Wagner, *Sus dones espirituales pueden ayudar a su iglesia a crecer,* (Ventura, CA: Regal, 2005), pp. 26-74.

Capítulo 4

1."Awarenes of Spiritual Gifts Is Changing" [La conciencia acerca de los dones espirituales está cambiando], *The Barna Group*, 5 de febrero de 2001. http://www.barna.org/barna-update/article/5-barna-update/32-awarenes-of-spiritual-gifts-is-changing.

2."Pentecostal Resource Page" [Página de recursos pentecostales], *Pew Forum on Religion and Public Life*, 5 de octubre de 2006. http://pewforum.irg/Christian/Evangelical-Protestant-Churches/Pentecostal-Resource-Page.aspx.

3. Ver el estudio de dones espirituales de Rusty Freeman, el cual lo puede encontrar en inglés en http://reachingyouth.org/f/Spiritual_Gifts_Inventory_Revised.pdf.

Capítulo 5

1. "Apostleship" [Apostolado], Word of Life Baptist Church. http://www.biblicalstudies.com/bstudy/spiritualgifts/ch14.htm.
2. C. Peter Wagner, *Apóstoles de la Ciudad,* (Colorado Springs, CO: Wagner Publications, 2000).
3. Ver http://goodreads.com/quotes/show/19421.
4. Twitter utiliza el término "seguidores" para describir a aquellos que se suscriben a los mensajes o "tuits" de una persona.
5. Mark Raby, "Twitter on Pace to reach…200 million users by 2011" [Twitter camino a alcanzar los 200 millones de usuarios para el 2011], TG Daily. http://www.tgdaily.com/software-brief/52284-twitter-on-pace-to-reach200-million-users-by-2011.
6. "What Is the Gift of Shepherding?" [¿Qué es el don de pastoreo?], Cyberspace Ministry. http://www.cyberspaceministry.org/Services/Gifts/eng-shep-html.

Capítulo 6

1. Blue Letter Bible, S.V. *diakonia*. http://blueletterbible.org/lang/lexicon/lexicon.cfm?strongs=G1248

Capítulo 8

1. Chuck Smith, *Charisma vs. Charismata* (Costa Mesa, CA; Word for Today, 1993).
2. Esta comprensión refleja el Cuadrilátero de Wesley para procesar los mensajes y la voz de Dios. Vea "Wesleyan Quadrilateral" [Cuadrilátero de Wesley], Wikipedia.org. http://en.wikepedia.org/wiki/Weslyan_Quadrilateral.
3. Nota del versículo 13: Si una persona interpreta la lengua que ha dado, aquellos que reciben la interpretación de la lengua deben considerar si es fiel a la Escritura antes de considerarla como de parte de Dios.
4. Este don no se ha incluido en mi prueba de los dones espirituales, ya que sería una pregunta cuya respuesta puede ser sí/no, y es fácil de discernir. Si su hijo tiene ese don, usted lo reconocerá.
5. Fred G. Zaspel, "Prophets and Prophecy" [Los profetas y la profecía], biblicalstudies.com. http://biblicalstudies.com/bstudy/spiritualgiftings/ch15.htm.

Capítulo 11

1. Esta es una cita directa de un sermón de Steve Forsyth, el pastor de la Iglesia Wesleyana El Cajón.

Sobre el autor

Adam Stadtmiller ha estado en el ministerio durante más de 15 años, sirviendo en varias organizaciones alrededor del mundo. Actualmente ministra en Calvary Chapel al Noreste de Carlsbad, California, donde supervisa el ministerio a los jóvenes solteros de 30 y tantos. Juntos, Adam y su esposa, Karie, tienen dos hijas, Lily Kate y Lucy Joy.

Adam está apasionado por el discipulado y fundó el Centro de Discipulado Emmaus en Calvary Chapel de la Costa Norte, en 2009. Además, escribe artículos semanales para el blog de conversantlife.com y disfruta de los deportes de resistencia cuando no está pasando tiempo con su familia.

Si usted desea invitar a Adam a dar una conferencia o a participar en un evento, por favor envíele un correo electrónico con las fechas y los detalles a **adam@giveyourkidsthekeys.com.**

Además puede conectarse con Adam en los siguientes portales:

Facebook: **Adam Stadtmiller**

Twitter: **@adamstadtmiller**

Canal de Youtube: **Give Your Kids the Keys**

Sitios de Internet: **www.giveyourkidsthekeys.com**

www.kidsspiritualgifts.com

Blog: Adamstadtmiller.com